edition suhrkamp 2833

Als Corona die Zerbrechlichkeit der Lieferketten aufzeigte, war bald von »Deglobalisierung« die Rede. Aus dem Aufstieg Chinas werden protektionistische Forderungen abgeleitet. Und angesichts zunehmender internationaler Spannungen sprechen viele von einer Rückkehr der Geopolitik.

Daraus zu schließen, die neoliberale Globalisierung sei passé und der (National-)Staat wieder da, ist aus Sicht Milan Babićs jedoch zu einfach. Staaten verabschieden sich nicht aus transnationalen Netzwerken. Stattdessen erleben wir eine Regionalisierung, die auch wirtschaftlichen Imperativen folgt. Und im Kampf um globale Infrastrukturen sind Unternehmen weiterhin zentrale Akteure. Wer die neu entstehende Weltordnung begreifen will, so Babić, muss sie daher aus der Perspektive der Geoökonomie betrachten.

Milan Babić, geboren 1990, ist Associate Professor für Politische Ökonomie an der Universität Amsterdam. Er forscht unter anderem zu Machtressourcen globaler Konzerne und zur Dekarbonisierung großer Staatsunternehmen.

Milan Babić

Geoökonomie

Anatomie der neuen Weltordnung

Suhrkamp

edition suhrkamp 2833
Erste Auflage 2025
Originalausgabe

Umschlaggestaltung nach einem Konzept von
Willy Fleckhaus: Rolf Staudt
Satz: Satz-Offizin Hümmer GmbH, Waldbüttelbrunn
Druck: C.H. Beck, Nördlingen
Printed in Germany
ISBN 978-3-518-12833-6

Suhrkamp Verlag GmbH
Torstraße 44, 10119 Berlin
info@suhrkamp.de
www.suhrkamp.de

Inhalt

Einleitung

»Die Globalisierung bedeutet nicht das Ende der staatlichen Handlungsfähigkeit. Wichtig ist, daß wir unsere nationale Politik den Bedingungen der Globalisierung anpassen.«[1] So der damalige Bundeskanzler Gerhard Schröder von der SPD in seiner Regierungserklärung im Juni 1999. Staatliche Handlungsfähigkeit ja, aber unter den Bedingungen der Globalisierung: Die Maxime für politisch Verantwortliche um die Jahrtausendwende bestand darin, die neue Realität einer global verflochtenen Wirtschaft, entfesselter Finanzmärkte und internationalen Standortwettbewerbs erfolgreich zu navigieren. Eine ähnliche Vorstellung vom Primat globaler Märkte findet sich auch bei anderen westlichen Staats- und Regierungschefs jener Zeit. Der amerikanische Präsident Bill Clinton bemühte etwa das Bild der Globalisierung als einer Naturgewalt, der sich die Politik stellen müsse. Der britische Premier Tony Blair frotzelte noch 2005, über das Für und Wider der Globalisierung zu streiten, sei in etwa so, als diskutiere man darüber, ob der Herbst dem Sommer folgen solle. Die sich wandelnde Welt biete große Chancen, aber nur für diejenigen, die »sich schnell anpassen, sich nicht beklagen, offen, bereit und fähig sind, sich zu verändern«.[2]

Die globale Ordnung galt diesen Staatsmännern als Raum (ökonomischer) Möglichkeiten und gleichzeitig als ständige Bedrohung für den nationalen Wohlstand und die heimische Wettbewerbsfähigkeit. Vor allem aber sahen sie die Hierarchie von Markt und Staat als klar geregelt an. Staaten und Regierungen konnten die Globalisierung gestalten, aber nur so weit, wie die »Bedingungen« einer offenen Wirtschaft dies zuließen. Der Historiker Quinn Slobodian hat hierfür den Begriff des *encasement* (etwa: Umhüllung) verwendet. Die Rolle der Politik begrenze sich in der neoliberalen Vorstellung auf die rechtliche, soziale und politische Absicherung des freien Spiels der Marktkräfte. Märkte würden von rechtlichen Strukturen »umhüllt« und damit vor politischer Einflussnahme geschützt.[3] In einer solchen Welt erschienen Schröders Aussagen über eine der Globalisierung unterworfene staatliche Handlungsfähigkeit nachvollziehbar.

Diese Welt ist nicht länger unsere Wirklichkeit. Staaten, multinationale Konzerne und internationale Organisationen sehen sich seit Längerem mit einer neuen Realität konfrontiert. Handelskriege, wie sie die USA unter Donald Trump 2018 vom Zaun brachen und die unter der erneuten Trump-Regierung noch konfrontativer zu werden drohen, eine »geopolitische EU-Kommission«, wie sie die Kommissionspräsidentin Ursula von der Leyen 2019 angekündigt hat, oder die Rückkehr des Territorialkrieges nach Europa im Jahr 2022 durch die russische Vollinvasion der Ukraine sprechen eine andere Sprache als jene, die noch um die Jahrtausendwende den politischen Diskurs beherrschte. Die globale Ordnung hat sich längst vom Primat des Marktes verabschiedet. An dessen Stelle tritt etwas, das wahlweise als die »Geopolitisierung« von Handelspolitik, als Rückkehr der Geopolitik, als neuer kalter Krieg oder als »neue Weltunordnung« bezeichnet wird.[4] Während solche Zeitdiagnosen unterschiedliche Akzente setzen, sind sie sich in einer Sache einig: Die postneoliberale Konstellation bringt den Staat als Ordnungsprinzip internationaler Politik mit voller Wucht zurück.

Geopolitik/Geoökonomie

Ich fasse diese Positionen als »geopolitische« Vision einer postneoliberalen globalen Ordnung zusammen. Im Kern besteht diese Vorstellung aus zwei Ideen. Erstens nehme Staatsmacht durch das Ende der neoliberalen Globalisierung wieder eine zentrale Rolle im Verhältnis von Politik, Wirtschaft und Gesellschaft ein. An die Stelle globaler Märkte, die lange Zeit als Gradmesser für politisches Handeln fungierten, treten geostrategische und sicherheitspolitische Erwägungen. Daraus folge, zweitens, dass die Aufwertung dieser Aspekte in der internationalen Politik für eine Rückkehr geopolitischer Auseinandersetzungen sorge. Geopolitische Konflikte seien dabei von einer anderen Natur als der wirtschaftliche Wettbewerb, der die neoliberale Globalisierung prägte. Dieser fand im Rahmen anerkannter

Regeln und internationaler Organisationen (wie etwa der Welthandelsorganisation, WTO) statt. Die neue Welt der Geopolitik breche mit dieser regelbasierten Ordnung. Als Beleg hierfür wird beispielsweise auf Donald Trumps offene Diskreditierung der Weltgesundheitsorganisation (WHO), der NATO oder des Pariser Klimaabkommens verwiesen.[5] Unmittelbar nach seinem erneuten Amtsantritt im Januar 2025 unterschrieb Trump denn auch zwei Präsidialerlasse, mit denen die USA aus der WHO und dem Pariser Klimaabkommen ausstiegen. Angesichts dieser Ereignisse sprechen Verfechter einer geopolitischen Lesart unserer Zeit von einer »Rückkehr«, einem »Wiederaufleben« von Geopolitik – oder sie konstatieren, dass diese niemals weg war, sondern lediglich unter dem Irrglauben einer liberalen Hegemonie verdeckt lag.[6]

Dem setze ich eine *geoökonomische* Interpretation entgegen. Sie geht davon aus, dass wir derzeit keine Rückkehr von Staatsmacht *anstelle* von Marktmacht erleben. Eine solche Verschiebung würde implizieren, dass die durch die Globalisierung geschaffenen wirtschaftlichen Zusammenhänge durch ein »Comeback« staatlicher Gestaltungsmacht zumindest teilweise gekappt werden. Das *encasement* der Wirtschaftspolitik würde abgewickelt und das Primat der globalen Wirtschaft durch das der Politik ersetzt werden. Doch schaut man genauer hin, ergibt sich ein anderes Bild. Wir leben nicht in einer Zeit flächendeckender Deglobalisierung. Wo geoökonomische Gefahren und Abhängigkeiten lauern, *diversifizieren* Firmen ihre Lieferketten und vertiefen somit teilweise ihre Integration in die Weltwirtschaft. Ein zentrales Ergebnis des sinoamerikanischen Handelskriegs etwa ist die Regionalisierung und Verlängerung von Lieferketten – aber nicht unbedingt deren Auflösung.[7] So lautet das trockene Fazit einer Deglobalisierungsstudie der größten US-amerikanischen Bank, J.P. Morgan Chase: »Die Globalisierung bleibt intakt.«[8]

Was sich aber ändert, ist die Natur der wirtschaftlichen Verflechtungen. Handels- und Investitionsbeziehungen galten lange Zeit als Positivsummenspiel, von dem *alle* Beteiligten profitierten. Inzwischen sieht die politische Klasse in ihnen vermehrt Instrumente in globalen politischen Auseinandersetzungen, bei denen es Gewinner und Verlierer gibt.[9] Sowohl Staaten als auch mächtige Konzerne setzen weltweite Infrastrukturen wie etwa den Zahlungsverkehrsdienstleister SWIFT ein, um politische und ökonomische Ziele auf Kosten anderer zu erreichen.[10] Der »Tod der Distanz« durch die Globalisierung von Telekommunikation, wie ihn die Ökonomin Frances Cairncross beschrieben hat, wird so für die Zwecke globaler Rivalität genutzt.[11]

Um unsere neue geoökonomische Realität von einer geopolitischen unterscheiden zu können, ist es wichtig zu verstehen, dass die neoliberale Globalisierung die Voraussetzungen für eine geoökonomische Ordnung bereitstellt. Nur weil es globale wirtschaftliche Verflechtungen gibt, sind mächtige Staaten und Konzerne heute in der Lage, geoökonomisch zu agieren. Ohne die Infrastrukturen, Handels- und Investitionsbeziehungen oder Organisationen, die in den 1990er und 2000er Jahren entstanden sind, wäre eine politische Instrumentalisierung von Interdependenz unmöglich. Der amerikanische Politikwissenschaftler und Militärstratege Edward Luttwak, der in einem Artikel aus dem Jahr 1990 den Begriff »Geoökonomie« in die Debatte eingeführt hat, sprach von einer »Verbindung der Logik des Konflikts mit den Mitteln des Handels – oder, wie von Clausewitz es ausgedrückt hätte, die Logik des Krieges in der Grammatik des Handels«.[12] Drei Jahrzehnte später lässt sich feststellen: Konflikte und Auseinandersetzungen prägen zwar die neue Realität in der Weltwirtschaft. Jedoch ist die Geoökonomie nicht auf die von Luttwak vorgeschlagene Formel von Krieg in anderer Form reduzierbar. Wie der Nationale Sicherheitsberater Joe Bidens, Jake Sullivan, erläuterte, ist es »in dieser neuen Ära des geoökonomischen Wettbewerbs« eine strategische Kernaufgabe, »einen Balanceakt zwischen restriktiven Instrumenten, die wirtschaftlichen Schaden zufügen, und positiven Instrumenten, die gegenseitigen ökonomischen Nutzen in Aussicht stellen«, zu ermöglichen.[13] Diese Ambiguität der geoökonomischen Ordnung – zunehmende Konflikte bei gleichbleibender oder vielleicht sogar vertiefter globaler Verzahnung – ist ein Ergebnis ihrer Genese aus der neoliberalen Globalisierung heraus. Interdependenz ist für die Möglichkeit, geoökonomische Konflikte auszutragen, zentral. Ihr Rückbau im Sinne von De- oder Entglobalisierung ist daher unwahrscheinlich.

Auf zwei wichtige Aspekte dieser vorgeschlagenen Zeitdiagnosen gilt es hinzuweisen. Erstens negiere ich nicht die Realität von Geopolitik. Der russische Überfall auf die Ukraine ist kein geoökonomisches Phänomen, sondern bittere geopolitische Realität. Dasselbe gilt für eine drohende chinesische Invasion Taiwans oder die neuerlichen imperialistischen Drohgebärden aus dem Weißen Haus gegenüber Panama, Kanada oder der Europäischen Union. Mein Punkt ist ein anderer: Es wäre analytisch unzureichend, die komplexen Veränderungen der Weltordnung auf die Formel einer (erneuten) Geopolitisierung zu reduzieren. Die meisten Auseinandersetzungen, welche die internationale Politik prägen, sind entweder geoökonomischer Art oder bedienen sich (unter anderem) geoökonomischer Instrumente. Selbst in der Konfrontation mit einem neoimperialistischen Russland greift die EU beinahe ausschließlich auf geoökonomische Hilfsmittel – Sanktionen, Entkoppelungen, wirtschaftlicher Druck – zurück. Darüber hinaus betrifft die Geoökonomisierung der Weltwirtschaft auch jene Segmente, die keinen *direkten* geopolitischen Bezug haben. Industriepolitik oder die Instrumentalisierung von Interdependenzen zur Sicherung von Wettbewerbsvorteilen zielen nicht auf Landnahme oder die Erweiterung territorialer Einflusssphären. Herfried Münkler spricht daher davon, dass »Geoökonomie und Geopolitik wieder in ein

Gleichgewicht gekommen« sind und heutzutage wirtschaftliche und militärische Macht »darum konkurrieren, wer von beiden bei Entscheidungen den Ausschlag gibt«.[14] Kurzum, die Geoökonomisierung globaler Interdependenzen ist ein vielschichtiger und nicht auf die Rückkehr der Geopolitik reduzierbarer Epochenwandel.

Daran schließt auch eine zweite wichtige Klarstellung an. Ich sehe das Aufkommen der geoökonomischen Ordnung als einen unabgeschlossenen, widersprüchlichen und nichtlinearen Prozess, der inkrementell die wichtigsten Strukturen neoliberaler Globalisierung entkernt und mit neuen Inhalten füllt. Ausdrücke wie der »geoökonomische Staat« sind dabei nicht essentialistisch zu verstehen. Ich meine nicht, dass der moderne Staat mit all seinen Facetten und Funktionen vollständig geoökonomisch wird. Sondern ich drücke damit die Geoökonomisierung von Staatlichkeit in einer postneoliberalen Welt aus: Es handelt sich um einen Prozess, nicht um einen Zustand. Und dieser Prozess ist eben widersprüchlich und fragmentiert. Manche staatlichen Instrumente werden zu geoökonomischen Werkzeugen, andere Funktionen bleiben aber bestehen. Um diese Prozesshaftigkeit und Unabgeschlossenheit nicht ständig betonen zu müssen, benutze ich Kurzformen wie die genannten. Wenn also von der »geoökonomischen Ordnung« die Rede ist, sollten diese Voraussetzungen immer mitgedacht werden.

Die Geoökonomie der heraufkommenden Ordnung

ist durch zwei übergreifende Strukturmerkmale geprägt. Zum einen rücken die Macht über internationale Handels- und Investitionsströme, globale Infrastrukturen und wichtige Lieferketten (z. B. für seltene Erden oder Halbleiter) sowie deren Kontrolle in den Mittelpunkt politischer Auseinandersetzungen. Staaten fördern eine ökonomische Verflechtung hauptsächlich noch dort, wo sie sicherheitspolitischen und geostrategischen Allianzen entspricht. Zum anderen sind die Hauptakteure dieser geoökonomischen Ordnung nicht nur Nationalstaaten, wie etwa die geopolitische Perspektive suggeriert. Wir leben heute in einer Welt der sagenhaften Macht internationaler Großunternehmen, welche die finanziellen Kapazitäten mancher Ländern übertrifft.[15] Die geoökonomische Ordnung schafft diese Macht nicht ab, sondern verleiht ihr eine andere Bedeutung. Auch Unternehmen werden nun zu Akteuren in einem globalen Wettkampf um politische Macht und politischen Einfluss.

Schöne alte Welt

Die globale Ordnung, aus der sich die geoökonomische Welt herausbildet, ist unterschiedlich betitelt worden – als liberale Weltordnung, als Globalisierung, als »freie Welt« oder als *pax americana*. Ich verwende den Begriff der »neoliberalen Globalisierung«, um die Periode von Ende der 1980er Jahre bis zur Mitte der 2010er

Jahre zu beschreiben. Damit soll der Prozesscharakter von Globalisierung und der sie antreibenden wirtschaftlichen Dynamiken betont werden, nämlich die allmähliche Auflösung der Eckpfeiler der Wirtschaftsordnung nach dem Zweiten Weltkrieg. Von 1945 bis etwa in die 1970er Jahre prägten in erster Linie Nationalstaaten die Weltwirtschaft. Wertschöpfung fand hauptsächlich innerhalb staatlich verfasster Wirtschaftskreisläufe statt. In den entwickelten Industrienationen herrschte eine keynesianische Wirtschaftspolitik von Massenproduktion und Massenkonsum, flankiert von starken Wohlfahrts- und Steuerstaaten.[16] Die internationale Einbettung dieser national definierten Volkswirtschaften bestand im Wesentlichen aus bilateralem Handel, der durch das Währungssystem von Bretton Woods liberalisiert wurde.

Die politischen und ökonomischen Krisen dieses Nachkriegsmodells in den turbulenten 1970er Jahren verliehen den Verfechtern neoliberaler und monetaristischer Ansätze Aufwind. Politikerinnen und Politiker wie Margaret Thatcher oder Ronald Reagan kamen mit dem Versprechen an die Macht, Inflation und Arbeitslosigkeit durch die Disziplinierung von Gewerkschaften, die Entfesselung der Marktkräfte und die Deregulierung der Wirtschaft zu bekämpfen. Ein Kernelement ihrer Reformen war die Ermöglichung transnationaler wirtschaftlicher Verflechtung über bloße Handelsbeziehungen hinaus. Vertreter neoliberaler Ideen erhofften sich einen Ausweg aus der Profitabilitätskrise der

1970er Jahre. Indem sie z. B. Auslandsinvestitionen heimischer Firmen förderten und Direktinvestitionen ausländischer Unternehmen in die eigene Wirtschaft zuließen, öffneten sich viele westliche Regierungen für eine Intensivierung und Vertiefung globaler Verschränkungen ihrer vormalig national orientierten Volkswirtschaften. Für den Politökonomen William Robinson besteht die Eigentümlichkeit dieser Periode der Globalisierung darin, dass neue Räume geschaffen wurden, in denen sich Kapital bewegen konnte. So sind beispielsweise ausländische Direktinvestitionen eine Form transnationaler wirtschaftlicher Verflechtung, die vorherige Globalisierungsphasen (etwa im 19. Jahrhundert) im heutigen Ausmaß nicht kannten.[17] Hinzu kommen globalisierte Finanzmärkte oder parzellierte, kleinteilige und vulnerable Lieferketten, die eine fundamentale Transformation der internationalen Wirtschaft der Nachkriegszeit in Gang setzten.

Ich verstehe die Gesamtheit dieser Elemente und ihre politische Einbettung als »globale Ordnung«. Die neoliberale Globalisierung brachte Strukturen, Institutionen und wirtschaftliche Verflechtungen aller Art hervor, welche die Weltwirtschaft und die internationale Politik in entscheidender Weise vermachteten. Sie priorisierten bestimmte Akteure, z. B. transnationale Konzerne, und bearbeiteten Probleme wie Wirtschaftskrisen, den Klimawandel und andere Herausforderungen meist marktförmig. So wurde als Antwort auf die sich abzeichnende ökologische Krise in den 2000er Jahren der europäische Emissionshandel eingeführt, der vor allem in seiner Frühphase ein reiner Marktmechanismus war. Die Lösung für eine Folge marktförmigen Wirtschaftens war also – die Schaffung neuer Märkte. Solche Logiken durchdrangen sowohl nationale Wirtschaftspolitiken als auch die Arbeitsweise internationaler Organisationen wie der Weltbank oder des Internationalen Weltwährungsfonds (IWF). Zur neoliberalen Ordnung gehörten politische, ideologische und ökonomische Aspekte, die sie aufrechterhielten und ihr Stabilität verliehen. Kernelemente waren z. B. globale Finanzmärkte, die den fiskalischen Spielraum von Regierungen und Individuen einschränkten, Policy-Ideen wie nationale Wettbewerbsfähigkeit, die bestimmte Best-Practice-»Skripte« politischen Handelns in der Wirtschafts- und Steuerpolitik vorgaben, und internationale Organisationen wie der IWF, die diese Skripte gegenüber Staaten durchsetzten.[18]

Politisch gesehen war diese Ordnung relativ befriedet. Die USA fungierten als unipolare Macht und somit als Primus inter Pares einer zusammenwachsenden Welt. Zivilgesellschaftliche Bewegungen in Osteuropa, Teilen von Lateinamerika und Asien nährten Hoffnungen auf einen Siegeszug liberaler Demokratien und das sprichwörtliche »Ende der Geschichte«.[19] Ökonomisch versprach die Globalisierung Großartiges. Die Gründung der Welthandelsorganisation 1995 war mit der Aussicht auf den Abbau von Hindernissen für den internationalen Handel verbunden. Der Eintritt Chinas in die WTO 2001 erschloss einen potenziellen Markt von über einer Milliarde Menschen für global agierende Unternehmen. Die Eröffnung der bis heute größten Welthandelsrunde (der Doha-Runde) im selben Jahr mit dem Ziel weiterer Liberalisierungen reflektierte den generellen Optimismus von Entscheidungsträgern mit Blick auf eine tiefergehende Verflechtung.

Die materielle Realität stützte diese Aussicht. So nahm der Welthandel zwischen 1990 und 2008 von 38 auf über 60 Prozent des globalen Bruttoinlandsprodukts (BIP) zu. Ausländische Direktinvestitionen wuchsen im selben Zeitraum von unter einem auf zwischenzeitlich über fünf Prozent des globalen BIP an, und der Exportanteil an der Gesamtwirtschaft kletterte von unter 19 auf 31 Prozent.[20] Gleichzeitig halbierte sich der Anteil der Menschen an der Weltbevölkerung, die in absoluter Armut lebten, von ca. 38 im Jahr 1990 auf etwas unter 19 Prozent 2008,[21] und das durchschnittliche BIP pro Kopf stieg von ca. 6800 US-Dollar im Jahr 1990 auf über 9200 in 2008 an.[22] Diese und andere Indikatoren ließen die neoliberale Ordnung von außen betrachtet relativ stabil und fast schon hegemonial erscheinen.

Doch die Ordnung der schönen (alten) Welt der Globalisierung war keineswegs unumstritten. Mit dem 11. September 2001 und den folgenden Kriegen in Afghanistan und dem Irak rückte der internationale Terrorismus in den Mittelpunkt der Politik. Zivilgesellschaftlicher Widerstand gegen die neoliberale Globalisierung wurde im sogenannten »Battle of Seattle« 1999 und den Protesten während des G8-Gipfels in Genua 2001 mehr als deutlich. Die Kriege im ehemaligen Jugoslawien wurden nur mühsam beendet und beschleunigten die politische Entfremdung zwischen Russland und dem Westen nach 1999. Der Aufstieg der sogenannten BRICS-Staaten – Brasilien, Russland, Indien, China und Südafrika –, sowohl in politischer als auch in wirtschaftlicher Hinsicht, war weniger harmonisch, als Globalisierungsbefürworter zunächst erwartet hatten. Die BRICS-Staaten propagierten ein eigenes, staatskapitalistisches Entwicklungsmodell und institutionalisierten sich als Alternative zu einer vom Westen gestalteten liberalen Wertegemeinschaft. Die globale Finanz- und Wirtschaftskrise 2008/09 schließlich desillusionierte auch die vehementesten Anhänger einer (neo-)liberalen globalen Ordnung und ließ die vorangegangenen Jahrzehnte von Liberalisierung und Deregulierung in einem kritischen Licht erscheinen.

In diesem Buch möchte ich das Augenmerk auf das Verhältnis von Staaten und Märkten legen, um die Krise der neoliberalen Globalisierung und die Entstehung einer geoökonomischen Ordnung zu beschreiben. Die Internationale Politische Ökonomie erlaubt eine Perspektive auf Vorgänge der internationalen Politik, die ökonomische und politische Erklärungsversuche integriert. Staaten und Märkte können theoretisch geschieden werden, empirisch sind sie aber miteinander verwoben. Die Verflechtungen und Interdependenzen, welche die Phase der neoliberalen Globalisierung prägten, sind ein Ergebnis von Markt- *und* Staatshandeln auf unterschiedlichen Ebenen. Diese Verflechtung setzt sich auch in der sich entwickelnden Ordnung fort. Mächtige Staaten und andere Akteure nutzen die Strukturen und Kanäle einer globalisierten Weltwirtschaft, um ihre Interessen durchzusetzen. Dabei verschwimmt die theoretisch saubere Distinktion von Staat und Markt oft, etwa wenn eine geoökonomisch motivierte Industriepolitik in den USA und Europa Unternehmen strategisch fördert und sie gleichzeitig als Instrumente für globale Auseinandersetzungen, z. B. um die Vorherrschaft im Bereich künstlicher Intelligenz, positioniert. Die aufkommende geoökonomische Ordnung ist demnach nicht die einfache Rückkehr geopolitischer Macht auf die Weltbühne, sondern eine komplexere Transformation der Art und Weise, wie Macht in der internationalen Politik des 21. Jahrhunderts ausgeübt wird. Das Verständnis dieser neuen Welt ist nicht nur eine theoretische oder gar akademische Frage, sondern wird die Gestaltungsspielräume von Politik und Gesellschaft in den nächsten Jahrzehnten definieren.

Der politische Theoretiker Paolo Gerbaudo hat die neoliberale Ära als eine Phase der »Exopolitik« bezeichnet, die auf den äußeren (Wettbewerbs-)Druck der Globalisierung reagierte.[23] Politik und Gesellschaft traten in dieser Ansicht der Globalisierung als offenem Raum entgegen, in dem Arbeitsplätze, Exportgüter, Lieferketten und vieles mehr ausgelagert werden konnten. Die Politik war mit der (limitierten) Ausgestaltung dieses exogenen Verhältnisses bedacht. Anders, so Gerbaudo, verhält es sich mit der neuen »Endopolitik«. Gesellschaften würden sich mit der Krise der Globalisierung und nach der Covid-19-Pandemie wieder vermehrt auf ihre inneren Angelegenheiten zurückziehen, was sich unter anderem in der Debatte um die Heimbringung ausgelagerter Lieferketten essenzieller Güter widerspiegelt. Anstatt des Wettbewerbsdrucks würden mit der neuen Endopolitik Ideen wie nationale Souveränität, Protektionismus und politische Kontrolle (z.B. nationaler Grenzen) wieder die politischen Realitäten bestimmen.

Gerbaudos Analyse ist überzeugend für die Verortung politischer Diskurse in der postpandemischen Welt, welche die Abkehr von neoliberalen Erzählungen längst vollzogen haben. Anders verhält es sich jedoch mit der materiellen Wirklichkeit internationaler Politik. Selbst dort, wo Staaten und Bürger für endopolitische Maßnahmen wie verstärkten Protektionismus eintreten, geschieht die praktische Umsetzung durch die Strukturen und transnationalen Spielräume, welche die neoliberale Globalisierung geschaffen hat. Die begonnene Entkopplung von russischem Gas auf Seiten der Europäischen Union im Frühjahr 2022 etwa fußte ganz zentral auf der Verfügbarmachung alternativer Handels- und Bezugsrouten für Flüssiggas, das die europäischen Haushalte und Industrie nun über eine Vielzahl transnationaler Verbindungen erreicht. Der Weg aus der Abhängigkeit von Russland führte also nur über die Steigerung transnationaler Verflechtung und der Nutzung globaler Logistik- und Transportinfrastrukturen.

Aufbau des Buches

Dieses Buch dient der Skizzierung und Einordnung einschneidender Veränderungen für Politik, Wirtschaft und Gesellschaft. Ein realistisches Verständnis einer postneoliberalen Welt, das sowohl die Brüche als auch die Kontinuitäten der neuen Ordnung kenntlich macht, erlaubt eine adäquate Einschätzung politischer Spielräume und Limitierungen, welche die Politik der geoökonomischen Auseinandersetzungen in den kommenden Jahren prägen werden.

In Kapitel 1 zeichne ich den Übergang von der neoliberalen zur geoökonomischen Ordnung, in der wir uns zurzeit noch befinden, empirisch und historisch nach. Ich lege dar, weshalb ein zyklisches Verständnis des Zusammenspiels von Staat und Markt nicht die Realität der globalen politischen Ökonomie abbildet, und biete stattdessen eine historisch sensibilisierte Lesart an. Zudem umreiße ich die Eckpfeiler der geoökonomischen Ordnung und zeige, warum diese nicht unbedingt eine hegemoniale und stabile Konfiguration politischer Kräfteverhältnisse darstellt.

Kapitel 2 thematisiert die sich verändernde Rolle des Staates in einer geoökonomischen Welt. In gängigen geopolitischen Erklärungen der aktuellen Umbrüche in der internationalen Politik wird der Nationalstaat in den Mittelpunkt gerückt. Ich lege dar, wie ein differenziertes Verständnis von dem, was »Staat« ausmacht, uns helfen kann, die komplexen und teilweise widersprüchlichen Transformationen von Staatlichkeit im Kontext globaler Krisen besser zu verstehen. Das Kapitel diskutiert sowohl die »defensiven« als auch die »offensiven« Instrumente, die staatlichen Akteuren in einer geoökonomischen Welt zur Verfügung stehen.

In Kapitel 3 zeichne ich die Veränderungen globaler Märkte, Marktakteure und Marktinfrastrukturen in den letzten Jahren nach. Ich analysiere, wie diese sich im Zuge der Veränderungen von Politik und Wirtschaft sowohl anpassen als auch diese Veränderungen mitgestalten. Multinationale Konzerne sind heute in vielerlei Hinsicht mächtiger als jemals zuvor, geraten aber durch die Krisen der Globalisierung in unruhiges Fahrwasser. Wie genau Märkte und Marktakteure diese neue Welt navigieren, erkläre ich anhand globaler Lieferketten und Infrastrukturen und deren Instrumentalisierung für politische Zwecke.

Kapitel 4 widmet sich den Themen Politik und Ideologie und fragt, wie diese sich in einer geoökonomischen Welt verändern. Während der demokratische Kapitalismus der Nachkriegszeit einen hegemonialen Minimalkonsens für breite Bevölkerungsschichten bot, erweist sich die geoökonomische Ordnung als relativ instabil. Ein Grund dafür ist, dass die neoliberale Globalisierung im Kern eine »Ordnung ohne Volk« und somit niemals wirklich hegemonial war. Neue kollektive Identitäten in einer Welt geostrategischer Konfrontation zu schaffen, ist daher sehr schwierig. Ich argumentiere, dass Politik und Ideologie in geoökonomischen Zeiten zwar widersprüchlich und inkohärent, aber nicht unwirksam sind. Sie bringen eigentümliche Gebilde wie einen falschen Rechtspopulismus hervor, der für die wichtigsten Anliegen breiter Bevölkerungsschichten keine Lösungen parat hat. Für technokratische Eliten, deren Wählerbasis zerbröselt, stellt das ein handfestes Problem dar. Zugleich ist es aber auch eine Möglichkeit, in einer unsicheren Welt neue (konstruktive) Politisierungsdynamiken in Gang zu bringen.

Während eine geoökonomische Welt in vielerlei Hinsicht problematisch zu werden droht – mit Wohlstandsverlusten, der steigenden Gefahr populistischer Auswüchse, der Vernachlässigung globaler Kooperation zur Bewältigung der Klimakrise und so weiter –, gibt es, so argumentiere ich im letzten Kapitel, auch Anlass zu vorsichtigem Optimismus. Der Umstand, dass die geoökonomische Ordnung instabil und ihr Fortbestand noch nicht ausgemacht ist, eröffnet mehr politischen Spielraum, als viele Akteure heutzutage wahrnehmen.

I

Von der neoliberalen zur geoökonomischen Ordnung

Was ist neoliberale Globalisierung?

In seiner *Kleinen Geschichte des Neoliberalismus* beschreibt der marxistische Geograf David Harvey denselben als »Doktrin« oder auch als »Theorie«.[1] Als mächtiges Gedankengebäude, das die Welt ab den 1980er Jahren erfasste, beeinflusste er laut Harvey beispielsweise die Zinspolitik der amerikanischen Zentralbank unter ihrem Präsidenten Paul Volcker, den erbitterten Kampf Margaret Thatchers gegen britische Gewerkschaften sowie die Öffnungspolitik Deng Xiaopings. Dieses Verständnis des Neoliberalismus setzte sich zu Beginn der 2000er Jahre in den Sozialwissenschaften durch. Viele begriffen ihn als ideologisch-theoretisches Gerüst, seine Verfechter würden im Namen von Freiheit und Marktwirtschaft die Errungenschaften moderner Sozialstaaten zurückzudrehen versuchen und dazu »Klassenkampf von oben« betreiben. Ein wichtiges Element dieses Diskurses war die Ausdehnung des Begriffs »neoliberal« auf zahlreiche Gesellschaftsbereiche. So setzte in den 2000er Jahren eine Aufwertung des Neoliberalismus ein, den viele Autoren als sämtliche gesellschaftliche Realität durchdringend verstanden.[2] Irgendwann war nicht mehr nur die Wirtschaft oder die Politik »neoliberal«, sondern auch die Kultur, die Zivilgesellschaft, ja sogar der Sport.[3]

Um die globale Ordnung zu verstehen, die sich in den frühen 1980er Jahren herauszubilden begann, muss die Bezeichnung »neoliberal« präziser und enger gefasst werden, als es im allgemeinen Diskurs üblich ist. In den letzten Jahren ist in der politökonomischen und historischen Forschung eine etwas nuanciertere Diskussion in Gang gekommen. »Neoliberalismus« wird dort nicht als *catch-all concept* verwendet, sondern hat durch die Arbeiten von Thomas Biebricher, Quinn Slobodian oder Philipp Ther eine Revision als staats- und machtpolitisches Konzept erfahren.[4] Diese Beiträge betonen die Rolle des Staates in der Durchsetzung neoliberaler Politikinhalte. Die Marktfreiheit, die in gängigen Beschreibungen des Neoliberalismus eine zentrale Rolle spielt, musste durch politische Kämpfe um die Macht im Staat errungen werden. Der Neoliberalismus ist aus dieser Sicht eher eine politische Theorie als ein rein ökonomisches Modell oder bare Ideologie. Diese Einsichten erhöhten die empirische Anwendbarkeit des Begriffs (sowohl als Substantiv als auch als Adjektiv) immens. »Neoliberale Globalisierung« verstehe ich hier als Transformationsprozess, der die internationale Nachkriegswirtschaft in eine transnationale Weltwirtschaft überführte und im Laufe dessen eine neoliberale Ordnung hervorbrachte.

Die Eckpfeiler dieses Prozesses waren, *erstens*, die Ausdehnung und Transnationalisierung von Finanzmärkten und -logiken bis in weite Teile industrialisierter Gesellschaften hinein.[5] Das globale Finanzwesen spielte zwar auch in vorherigen Phasen wirtschaftlicher Integration während der niederländischen und britischen Vorherrschaft im 17. bzw. 19. Jahrhundert eine Rolle. Im 20. Jahrhundert wurde es dann aber zur treibenden Kraft der neoliberalen Globalisierung. Neben dem neuen Leitprinzip des Shareholder-Value für die Unternehmensführung und dem Anwachsen von Großbanken und institutionellen Anlegern zu systemrelevanten Akteuren war die fiskalische Disziplinierung von Bürgern und Staaten ein Kernelement. Für viele Bevölkerungen bedeutete dies vor allem: Der Arbeitsmarkt und der Wohlfahrtsstaat wurden nach den Imperativen der »Wettbewerbsfähigkeit« ganzer Ökonomien umgestaltet.[6]

Begründet wurden diese Maßnahmen insbesondere mit der »Scheu« und der Mobilität des Kapitals. In einer globalisierten Welt konnten Anleger und andere Finanzmarktakteure relativ einfach und günstig ihre Investitionen in die profitabelsten Unternehmen und Länder verschieben. Daraus ergab sich eine disziplinierende Wirkung auf Staaten und Regierungen: Wirtschaftspolitik wurde zu Angebots- und Standortpolitik. Staatsschulden reduzieren, Lohnzurückhaltung üben, die Staatsquote senken und Unternehmen möglichst gering besteuern, all das diente der Anpassung an die neoliberale Globalisierung.[7] Noch während der sogenannten Euro- und Staatsschuldenkrise von 2010 bis

2015 trieb das Schreckgespenst des »Vertrauensentzugs« durch die Finanzmärkte und einer negativen Beurteilung durch die führenden Ratingagenturen die Politik vor sich her. Mit dem Verweis auf die Herabstufung der Kreditwürdigkeit von »Krisenländern« wie etwa Griechenland wurden drastische Sparprogramme oft als notwendig und »alternativlos« gerechtfertigt.[8] Wie mächtig einzelne Finanzmarktakteure geworden waren, zeigte sich unter anderem auch daran, dass führende europäische Politiker die amerikanischen Ratingagenturen heftig für ihren Einfluss auf die Entscheidungsprozesse in der EU kritisierten, sich ihren Bewertungslogiken letztlich aber beugten.[9]

Diese hervorgehobene Rolle von Finanzmärkten wurde darüber hinaus durch den *zweiten* Eckpfeiler der neoliberalen Globalisierung bestärkt: die Deregulierung und Flexibilisierung weiter Teile des wirtschaftlichen Lebens. Um der Stagnation der späten 1960er und 1970er Jahre Herr zu werden, trieben neoliberal gesinnte Politiker die Entfesselung von Marktkräften in vielen Bereichen voran. So wurden etwa Schranken für den Kapitalverkehr nach und nach abgebaut und die Macht multinationaler Finanzunternehmen somit schrittweise erhöht. Die finanzgetriebene Deregulierungsagenda fand in der Aufhebung des Glass-Steagall Act in den Vereinigten Staaten durch Präsident Clinton ihren Höhepunkt. Das 1933 während der Großen Depression erlassene Gesetz sah eine strikte Trennung zwischen privaten Kreditgeschäften und spekulativem

Investmentbanking vor, um die Ersparnisse der Kunden zu schützen. Seit 1999 ist es US-Banken nun wieder erlaubt, beides unter demselben Dach zu betreiben. Diese Entscheidung war eine der Ursachen für die Weltfinanzkrise ab 2008.

Die Deregulierungsagenda betraf aber auch andere Teile der Wirtschaft wie etwa die Arbeits-, Handels- und Investitionspolitik. Flexibilisierung spielte hierbei eine wichtige ergänzende Rolle. So profitierten Unternehmen von deregulierten Arbeitsmärkten, da sie flexibler auf Nachfrageschwankungen und andere wirtschaftliche Dynamiken reagieren konnten. Auf Seiten der Politik wurden Konzepte zur Flexibilisierung von Arbeitsmärkten und dem Sozialstaat entwickelt. Man denke an die von der rot-grünen Bundesregierung 2003 beschlossene Agenda 2010 und den Umbau des Arbeitslosengeldes sowie der sozialen Sicherungssysteme durch die sogenannten Hartz-Reformen 2005. Auch der »Flexicurity«-Ansatz, der 2007 zum offiziellen Programm der Europäischen Union wurde, folgte diesem Trend.[10] Dieser Aspekt der neoliberalen Globalisierung betraf also sowohl die nationalstaatliche als auch die inter- und transnationale Ebene globaler Politikgestaltung.

Ein *dritter* Eckpfeiler, der für unsere heutige Situation von zentraler Bedeutung ist, sind genuin transnationale ökonomische Verflechtungen und Opportunitätsräume – also neue Möglichkeiten zur Kapitalverwertung. Mit dem Aufkommen neoliberaler und monetaristischer

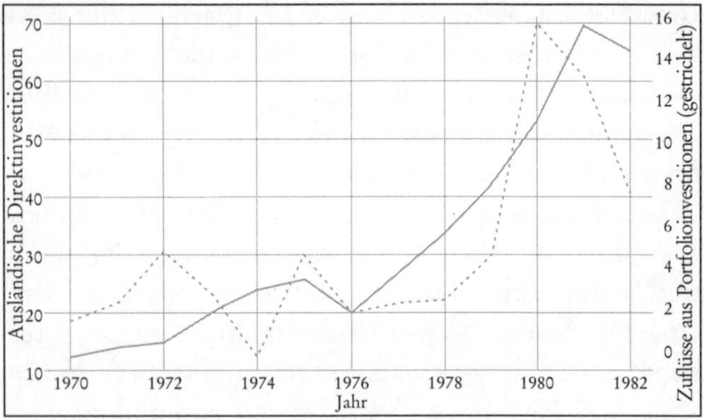

Abbildung 1: Ausländische Direktinvestitionen und Portfolioinvestitionen 1970-1982 (in Milliarden US-Dollar).
Quelle: eigene Berechnung auf der Grundlage von Daten der Weltbank (https://databank.worldbank.org).

Politiken Anfang der 1980er Jahre wurden die Schranken für den internationalen Kapital- und Warenverkehr gelockert. Diese Reduktion von z.B. Einfuhrzöllen oder Kapitalkontrollen wurde begleitet vom Aufbau inter- und transnationaler Institutionen und Regeln, die den steigenden grenzüberschreitenden Kapitalverkehr erleichtern sollten. In den fünf Jahren zwischen 1976 und 1981 verdreifachte sich das Volumen ausländischer Direktinvestitionen. Im selben Zeitraum verdreizehnfachten sich die Kapitalzuflüsse aus Portfolioinvestitionen auf zwischenzeitlich 15 Milliarden US-Dollar (siehe Abbildung 1). Andere Indikatoren wie Handelsvolumina zeigten in dieselbe Richtung.

Parallel dazu erfolgte eine institutionelle und rechtliche Flankierung. In den 1980er und 1990er Jahren bildeten sich globale Strukturen heraus, die bis heute die Weltwirtschaft dominieren. Zum einen ließ sich der *zunehmende Abbau von Handelshemmnissen* wie etwa Produktzöllen oder Importquoten beobachten. Nach Schätzungen der WTO fielen die Zölle für den Handel zwischen den entwickelten Ländern von durchschnittlich 14 im Jahre 1952 auf 3,9 Prozent im Jahre 2005.[11] Ermöglicht wurde diese Kostensenkung für den inter- und transnationalen Handel durch neue Abkommen und Institutionen. Die Schaffung bi- und multilateraler Handelsabkommen gewann in den 1980er und besonders 1990er Jahren an Attraktivität und gipfelte schließlich in der Gründung der Welthandelsorganisation im Jahre 1995, ein Hauptfaktor in der institutionellen Flankierung der neoliberalen Globalisierung.

Der zweite wichtige Aspekt in dieser Herausbildung transnationaler Opportunitätsräume war die *Globalisierung vormals nationaler Finanzmärkte und Finanzmarktstrukturen*. Während der Bretton-Woods-Ära und bis in die späten 1970er Jahre waren diese mehrheitlich national organisiert.[12] Die Hauptfunktion von Banken und anderen Finanzakteuren bestand darin, der Realwirtschaft Kapital bereitzustellen, z.B. in Form von Krediten. Mit der neoliberalen Globalisierung änderte sich das. Als beispielsweise die US-Regierungen unter Reagan in den 1980er Jahren und Clinton in den 1990er Jahren die (inter-)nationalen Finanzmärkte deregulierten, eröffnete sich die Möglichkeit, global statt nur national zu investieren und so satte Profite einzustreichen. Die institutionelle Flankierung dieser Öffnung erfolgte mit der Neuausrichtung von Handelsplätzen wie New York, London oder Tokio. Börsen wurden von nationalen Institutionen zu internationalen Finanzinfrastrukturen, welche die globale Wirtschaft durchdringen und Geldströme kanalisieren.[13]

Ein dritter wichtiger Aspekt ist die *Transnationalisierung bestimmter Professionen und Expertisen*. Anwälte, Banker, Investoren, Unternehmensberater, Lobbyisten und andere Akteure unterstützen und ermöglichen die Existenz einer integrierten Weltwirtschaft. Konzerne wie die »Großen Vier« Wirtschaftsprüfungsgesellschaften (KPMG, Deloitte, E & Y und Pricewaterhouse Coopers) sind zentrale Schnittstellen einer globalisierten Ökonomie, die unter anderem federführend die Steuerminimierungsstrategien multinationaler Unternehmen entwerfen.[14] Die neoliberale Globalisierung schuf die Voraussetzungen für die Entstehung dieser professionellen Klasse. Die »Explosion internationaler Unternehmensfusionen- und Übernahmen« in den 1980er Jahren etwa wurde durch »Banker und Anwälte mit der größten Erfahrung und Expertise, unabhängig von ihrer Nationalität« ermöglicht.[15] Der Aufstieg der »Großen Vier« zu den dominierenden Akteuren erfolgte in den 1990er Jahren und verleiht ihnen heutzutage eine massive infrastrukturelle Macht in der globalen Ökonomie.[16]

Schließlich wurde dieser transnationale Komplex in

den 1980er und 1990er Jahren durch *Investitionsabkommen und Investitionsschutz mit einer Verrechtlichung* ausgestattet. In der Einleitung habe ich diesen Vorgang mit Quinn Slobodian als »Umhüllung« (*encasement*) bezeichnet. Andere Forscher sprechen von einem »neuen Konstitutionalismus«.[17] Dahinter steht die Idee, dass politökonomische Entscheidungen und Prinzipien auf transnationaler Ebene verrechtlicht und somit unmittelbarer demokratischer Einflussnahme entzogen werden. Autoren wie Stephen Gill nennen die Europäische Union, und hier insbesondere das europäische Wirtschaftsregieren, als Paradebeispiel für solche Verrechtlichungsprozesse.[18] Im Kern wurden, in Europa und darüber hinaus, »marktfreundliche« und neoliberale Politiken durch Konstitutionalisierung festgeschrieben, die Pfadabhängigkeiten schufen. Jeder weitere Integrationsschritt, etwa durch neue Freihandelsabkommen oder Zollreduktionen, folgte somit dieser »neoliberalen« Logik. Die rasche Ausbreitung bilateraler Investitionsschutzabkommen in den 1990er und 2000er Jahren ist ein Beispiel hierfür. Diese Verträge dienen vor allem dem Schutz transnationaler Investitionen und sichern unternehmerische Freiheiten im Gastland. Ende der 1980er Jahre waren gerade einmal 385 solcher Abkommen in Kraft, Ende der 1990er Jahre waren es schon 833 – inzwischen ist ihre Zahl auf rund 2500 angewachsen.[19]

Gleichzeitig zeigt die Entwicklung der letzten Jahre, dass diese »Festschreibung« der neoliberalen Globalisierung eben nur bedingt funktioniert. Der Austritt zahlreicher Länder aus dem Vertrag über die Energiecharta (Energy Charter Treaty, ETA), z.B. Italiens, Deutschlands oder der Niederlande, ist ein eindeutiger Hinweis darauf. Der ETA wurde 1991 aufgesetzt und bot Energiefirmen – vor allem fossilen – rechtlichen Schutz für ihre transnationalen Investitionen in einer sich immer weiter liberalisierenden globalen Energielandschaft. Die genannten Austritte sind als Reaktion auf die potenzielle Verhinderung nationaler Klimapläne durch drohende Klagen von fossilen Unternehmen zu verstehen. Die Absicherung der Gewinne dieser Konzerne steht hierbei im Gegensatz zur Notwendigkeit einer schnellen Dekarbonisierung – ein Konflikt, den während der Hochphase neoliberaler Globalisierung die involvierten Firmen zu ihren Gunsten entscheiden konnten.

Wie entstand die neoliberale Ordnung?

Ich möchte vor allem den Blick auf das dritte Element – die Herausbildung transnationaler Opportunitätsräume – schärfen, da es sich um einen grundlegenden Bestandteil der neu aufkommenden geoökonomischen Ordnung handelt. Anders als Finanzialisierung, Deregulierung und Flexibilisierung ist eine transnational verschränkte Weltwirtschaft mitsamt globalen Institutionen, verflochtenen Volkswirtschaften und entsprechenden Abhängigkeiten sowie komplexen Lieferketten nicht einfach über Nacht veränderbar. Finanzialisierung und Deregulierung können – zwar mühsam, aber dennoch – in politischen Prozessen eingehegt und auf die Bedürfnisse einer postneoliberalen Welt hin umgeformt werden.[20] Doch die materielle und institutionelle Verflechtung der Weltwirtschaft ist nicht nur schwierig zu entkoppeln und entwirren. Im Gegenteil: Es liegt oft nicht einmal im Interesse mächtiger Akteure wie etwa der USA, China oder großer Konzerne, diese Möglichkeiten zur Ausübung von Einfluss und Macht *vollständig* zu schließen.[21]

Um diese geoökonomischen Elemente zu untersuchen, ist ein Verständnis der Entstehung der neoliberalen *Ordnung* aus den zugrunde liegenden *Prozessen* als Vergleichsgrundlage wichtig. Sie bildete sich durch die Verstetigung der drei Kernprozesse neoliberaler Globalisierung zwischen den 1980er und 2000er Jahren heraus. Um ihre Natur und den Unterschied zur aufkommenden geoökonomischen Ordnung greifbar zu machen, ist es sinnvoll, zwischen *Form* und *Inhalt* zu differenzieren. Nach der Unterscheidung des Politikwissenschaftlers John Ruggie bestimmt die Form einer globalen Ordnung, ob diese etwa multipolar, unipolar oder anderweitig strukturiert ist.[22] In dieser Hinsicht geht es also um die Frage nach der Verteilung von Macht im internationalen System. Die oben ausgeführten Aspekte neoliberaler Globalisierung waren spätestens seit 1989 und bis zum Ende der 2000er Jahre in eine unipolare Weltordnung eingebettet. Als einzig verbliebene Supermacht gelang es den USA, durch die Gestaltung der Kernelemente neoliberaler Globalisierung ihre Vormachtstellung zu festigen.[23] Amerikanische Unternehmen, Finanzakteure und Infrastrukturen dominierten in nahezu allen genannten Bereichen. Viele der politischen Inhalte neoliberaler Globalisierung waren Produkte »angloamerikanischer« Hegemonie nach dem Kalten Krieg.[24]

Der Inhalt einer globalen Ordnung ist Ruggie zufolge die Kombination der herrschenden internationalen Machtverhältnisse (also der Form) und dessen sozialer Zweckbestimmung (*social purpose*). Dieser Aspekt definiert eine Ordnung als »neoliberal«, »keynesianisch« oder anderweitig. Der soziale Zweck der keynesianischen Nachkriegsordnung beispielsweise war die Versöhnung liberaler Handelsbeziehungen auf globaler mit sozioökonomischem Protektionismus auf nationaler Ebene. Hierzu sicherte die internationale Währungspolitik unter Bretton Woods finanzielle Stabilität, wodurch die schrittweise Liberalisierung des Handels ermöglicht wurde. Massenproduktion, Massenkonsum und Vollbeschäftigung wurden zu wichtigen Eckpfeilern nationaler Wirtschaftspolitik. Hohe Wachstumsraten und beschränkte Mobilität (von Kapital und Personen) erlaubten den Ausbau und Unterhalt von Wohlfahrtsstaaten in den Industrieländern, vornehmlich des Westens.[25] Diese Kombination internationaler Stabilität und keynesianisch-protektionistischer nationaler Wirtschaftspolitik war organisch entstanden und daher für eine gewisse Zeit stabil. Mit Ruggie gesprochen waren die Form internationaler Beziehungen und ihre soziale Zweckbestimmung in jener Phase relativ kohärent und stabilisierten diese globale Ordnung.

Als die Nachkriegsordnung in die Krise geriet und neoliberale Politiken sich in weiten Teilen der industriellen Welt durchsetzten, änderte sich erst der soziale Zweck und nach 1990 auch die Form der globalen Ordnung. In den 1980er Jahren entwickelte sich zunächst eine von der Wirtschaftspolitik Thatchers und Reagans inspirierte »erste Generation« neoliberaler Diskurse, welche die Anwendung neoklassischer ökonomischer Argumente ins Zentrum nationaler Wirtschaftspolitik rückte.[26] Diese Phase war geprägt von der Abwicklung der sozialen Zweckbestimmung der Nachkriegsordnung und der diskursiven Verschiebung hin zum Primat von Marktkräften in der Wirtschaftspolitik. Anstatt Vollbeschäftigung, Massenproduktion und Massenkonsum wurde die Entfesselung von Marktkräften zum Kern modernen Wirtschaftsregierens – inklusive der Hoffnung auf den Trickle-down-Effekt, der breite Teile der Bevölkerung trotz zunehmender relativer Ungleichheit besserstellen sollte. Gleichzeitig war diese erste Phase noch stets national gedacht. Deregulierung und Flexibilisierung von Arbeits- und Finanzmärkten sowie eine monetaristische Geldpolitik sollten die Probleme der keynesianischen Nachfragepolitik wie etwa hohe Inflation und Arbeitslosigkeit lokal lösen.

Der Fokus auf den Nationalstaat verschob sich in der zweiten, wettbewerbsstaatlichen Phase neoliberaler Globalisierung ab 1990. Das Ende des Kalten Krieges brachte eine Änderung der Form internationaler Beziehungen hervor. Die amerikanische Vormachtstellung wurde konsolidiert, als sich die Sowjetunion 1991 auflöste. Ökonomisch gesehen bedeutete dies eine nie dagewesene globale Ausbreitung marktwirtschaftlicher Systeme und die Intensivierung transnationaler Integrationsbemühungen. Der Politökonom Lukas Linsi hat argumentiert, dass sich mit dem Ende des Kalten Krieges das Verständnis neoliberaler Wirtschaftspolitik veränderte.[27] Der Zweck des Regierens war nunmehr die Entfesselung von Marktkräften auf *globaler* Ebene und die Aufhebung der noch vorhandenen Schranken für die Kapitalakkumulation. Dies geschah hauptsächlich, indem die Nationalstaaten der Logik und den Erfordernissen weltumspannender Märkte untergeordnet wurden. Forscher wie Joachim Hirsch prägten das Konzept des »nationalen Wettbewerbsstaates«, um diese neue Rolle zu erfassen.[28] Diesem kam die Aufgabe zu, »to expose the domestic to the transnational«, also die nationale Wirtschaft globalen Kräften auszusetzen und sie für den internationalen Wettbewerb zu rüsten.[29] Vormals skeptisch betrachtete Phänomene wie Direktinvestitionen aus dem Ausland wurden nun zu Zeichen nationaler wirtschaftlicher Stärke.[30]

Somit war die neoliberale Ordnung gegen Ende der 1990er Jahre »geboren« und weitestgehend konsolidiert.

Sie bestand formal aus einer unipolaren Machtverteilung in einem globalen System mit den USA als liberalem Hegemon. Die soziale Zweckbestimmung festigte sich im neoliberalen Mantra der Wettbewerbsfähigkeit sowie in der Erschließung transnationaler Opportunitätsräume für die Kapitalverwertung. Das Ziel der Wirtschaftspolitik wandelte sich also von der keynesianischen Vorgabe von Vollbeschäftigung, Massenproduktion und Massenkonsum hin zur Ermöglichung grenzüberschreitender Verflechtung zur Steigerung von Wettbewerbsfähigkeit und, letztendlich, Wohlstand.

Wann genau die neoliberale Ordnung zu bröckeln begann, ist nicht eindeutig zu benennen. Manche Experten sehen die Reaktion der Bush-Regierung auf die Terroranschläge vom 11. September 2001 und die darauf folgenden *forever wars*, die »endlosen Kriege«, der USA als Auslöser für ihren graduellen Niedergang. Der Politologe Santiago Regilme etwa führt den Abstieg der Vereinigten Staaten als moralische Instanz auf die Normalisierung von Gewalt und Krieg als Form internationaler Auseinandersetzung in Afghanistan und im Irak zurück.[31] Andere Beobachter heben eher die ökonomische Dimension der neoliberalen Malaise hervor. Sowohl die USA als Führungsmacht als auch die weitere »westliche« Welt würden durch den Aufstieg erfolgreicher Schwellenländer wie China oder Indien in ihrer relativen Bedeutung für die globale Wertschöpfung seit Mitte der 2000er Jahre abnehmen. Diese Länder forderten die (neo-)liberale globale Ordnung mit einer staatskapitalistisch orientierten Wirtschaftsweise heraus.[32] Doch auch die globale Finanzkrise 2008 und deren Nachwehen in Europa, den USA und Teilen Asiens werden oftmals als Wendepunkt gesehen. Der Wirtschaftshistoriker Adam Tooze etwa interpretiert die Phase nach 2008 von der europäischen Staatsschuldenkrise über den Ukrainekonflikt seit 2014 bis hin zur Wahl Donald Trumps in 2016 als eine tiefe (und vielleicht unlösbare) Sackgasse der neoliberalen Globalisierung.[33] Schließlich assoziieren einige Stimmen die Krise mit den doppelten Schocks des Brexits und der Wahl des Populisten Trump zum Präsidenten im Jahr 2016. Vor allem amerikanische Autoren betonen den tiefen Einschnitt, den die beide Vorgänge für das Selbstverständnis der sogenannten »freien Welt« und des angloamerikanischen Führungsanspruchs bedeuten.[34]

Welche Periodisierung den Kern der Problematiken neoliberaler Globalisierung und der (neo-)liberalen Ordnung wirklich trifft, hängt von der Beobachterperspektive ab. Aus politökonomischer Sicht ist es sinnvoll, die Veränderung des Verhältnisses von Staat, Markt und Politik in all seinen Facetten in den Blick zu nehmen. Der Prozess neoliberaler Globalisierung ist aus dieser Sicht in erster Linie eine Verschiebung des Primats der Politik hin zu Marktlogiken, die aber staatlich abgesichert und durchgesetzt werden.[35] Die Krise der neoliberalen Ordnung führt erneut zu einer Verschiebung dieses Verhältnisses, dieses Mal aber weg vom Primat der Marktlogik. Wann genau dieser Wandel begann, ist dabei nicht einmal der zentrale Punkt. Politökonomisch gesprochen sind alle genannten Perspektiven auf die Notlage der neoliberalen Ordnung relevant. Sie bilden verschiedene Phasen und Sichtweisen auf die Verschiebung des genannten Verhältnisses ab – die nicht immer linear verläuft. Ein derartiges prozessuales Verständnis der Krise der neoliberalen Ordnung und des Aufstiegs der geoökonomischen Ordnung erlaubt eine nuancierte, offene Analyse des Zusammen- und Gegenspiels von Staat, Markt und Politik.[36]

Rückkehr der Geopolitik oder: Hatte Polanyi recht?

In öffentlichen Debatten wird die gegenwärtige Entstehung einer geoökonomischen Ordnung oftmals mit Formen der »Repolitisierung« des internationalen Handels und anderen wirtschaftlichen Zusammenhängen aus der Vergangenheit verglichen. Die »Rückkehr« der Geopolitik ist nicht nur eine medial weit verbreitete Vorstellung, sondern wird auch wissenschaftlich oft bemüht. Die Kernidee dahinter ist relativ simpel. Historisch wechselten sich, so die Behauptung, Phasen relativer Depolitisierung von Wirtschaftsbeziehungen mit solchen erhöhter Politisierung ab, die gegebenenfalls sogar in militärische Konfrontationen ausarten konnten. Auf eine relativ liberale Phase in der zweiten Hälfte des 19. Jahrhunderts folgte ein industrieller Rüstungswettlauf, der im Ersten Weltkrieg endete und den Boden für den Zweiten Weltkrieg bereitete. Anschließend begann der langsame Wiederaufbau internationaler Beziehungen, der dann in der zweiten großen Globalisierungs- und Liberalisierungswelle am Ende des 20. Jahrhunderts mündete. Die Entwicklung hin zu einer geoökonomischen Ordnung in den vergangenen Jahren wird in dieser Logik als »Backlash« protektionistischer und nationalistischer Kräfte nach einer Phase relativer Liberalisierung interpretiert.[37]

Die Vorlage für solche Argumente liefert eine Denkfigur, die ich als »populären Polyanismus« bezeichne.[38] Der Wirtschaftshistoriker Karl Polanyi legte in den 1940er Jahren eine Studie über den Übergang traditioneller europäischer (oft feudaler) Gesellschaften zu reinen Marktgesellschaften im 19. Jahrhundert vor.[39] Eine »Große Transformation« habe bisher nicht marktgewordene Bereiche der britischen und europäischen Gesellschaften erfasst und Arbeiter durch Staatsgewalt in kapitalistische Abhängigkeitsverhältnisse gezwungen. Die Kommodifizierung von Arbeit, Land und Geld, so Polanyi, sei ein widernatürlicher Vorgang gewesen, der zu gesellschaftlicher Gegenwehr geführt habe. Die Bewegung hin zur Verwertbarmachung weiter Gesellschaftsbereiche sowie die Gegenbewegung der Zurückdrängung von Marktmechanismen fasst Polanyi als »double movement«, also eine Art Doppelbewegung, zusammen.

Seit dem Aufkommen der neoliberalen Globalisierung in den 1980er Jahren erfreuen sich Polanyis Theorien großer Beliebtheit in der politischen Ökonomie und darüber hinaus.[40] Der Grund hierfür ist evident. Die neoliberale Bewegung hin zur Unterwerfung der Politik unter Marktmechanismen und der Einsatz von Staatsmacht, um diese Hierarchie aufrechtzuerhalten, ähnelt Polanyis Beschreibung der Großen Transformation. Nach Jahrzehnten keynesianischer Wirtschaftspolitik und staatlicher Einhegung globaler Finanzmärkte fügt sich die Entstehung der neoliberalen Ordnung gut in diesen analytischen Rahmen. Ebenfalls stark von polanyischen Erklärungsmustern geprägt ist die Deutung des großen Krisenmoments der neoliberalen Globalisierung, nämlich der Finanzkrise ab 2008. Viele Beobachter interpretierten die Krise und den mit ihr verbundenen Backlash gegen die Globalisierung als Anzeichen einer Bewegung weg von liberalisierten Weltmärkten hin zu einer Einhegung dieser durch staatliches Handeln. In diesem Zusammenhang wird häufig das berühmte »polanyische Pendel« bemüht. Diesem Konzept liegt die Vorstellung zugrunde, dass »pendulare Kräfte« das Weltgeschehen im Kapitalismus strukturieren.[41] Auf Phasen starker Liberalisierung folgten Phasen der Zurückdrängung von Märkten aus gesellschaftlichen Bereichen. Das »unsichtbare Schwingen des Pendels« wurde so zur oft gebrauchten Metapher für globale Ordnungsdynamiken, vor allem nach 2008.[42]

Polanyis Analysen liefern wertvolle Einsichten in die widersprüchlichen Dynamiken kapitalistischer Vergesellschaftung. Als Erklärungsmuster für den Aufstieg und Niedergang globaler Ordnungen sind sie indes weniger nützlich. Nichtsdestotrotz greifen viele Deutungen für genau diesen Zweck auf sie zurück: Das Kommen und Gehen staats- und marktzentrischer Ordnungen wird, implizit und manchmal auch explizit, zyklisch im Sinne von Polanyis Pendel gefasst.[43] Phasen der Liberalisierung internationaler Wirtschaftsbeziehungen verschärften die sozialen und wirtschaftlichen Ungleichheiten und Entfremdungsprozesse innerhalb und zwischen Gesellschaften. Die Reaktion auf diese extreme Pendelbewegung sei der Aufstieg alternativer Politikideen, die regressiv (etwa: nationalistisch-protektionistisch) oder progressiv (etwa: demokratisch und markteinhegend) sein können.

Das Moment der Gegenbewegung ist hier zentral. Es zwingt das polanyische Pendel am extremen Rand der marktzentrierten Logik zurück in die staatszentrierte Richtung. Die Gegenbewegung wird somit zum entscheidenden Moment der Anwendung des polanyischen Erklärungsmusters auf internationale Beziehungen und Politik.[44] Immer wenn sich die Liberalisierung und Entgrenzung von Märkten lange genug ungehemmt vollzogen habe, beginne eine Phase der Rückabwicklung dieser Liberalisierung und die Etablierung eher staatszentrierter Ordnungen. So habe die Phase wirtschaftsliberaler britischer Hegemonie im 19. Jahrhundert zu einer Rebellion der Gesellschaft gegen das »Laissez-faire« als Organisationsprinzip nationalen und internationalen Wirtschaftens geführt. Eine wesentliche Konsequenz des daraufhin aufkommenden Protektionismus waren intensive zwischenstaatliche Rivalitäten, die in den Katastrophen des Ersten und Zweiten Weltkriegs mündeten.[45] Die anschließende Einhegung internationaler (Finanz-)märkte durch eine keynesianisch-protektionistische Wirtschafts- und Weltordnungspolitik sei in den 1970er Jahren in eine Produktions- und Legitimitätskrise geraten, welche die neoliberale Globalisierung hervorbrachte. Deren Krise wiederum lasse nun, so das Argument, eine Gegenbewegung zu mehr Staat und der Priorisierung relativer Sicherheit gegenüber Marktmechanismen entstehen.[46]

So überzeugend dieses Erklärungsmuster auf den ersten Blick wirken mag: Es ist dennoch unzureichend, um die Entstehung und den Wandel globaler Ordnungen zu verstehen. Ein wichtiger Kritikpunkt ist die fehlende Sensibilisierung für die Partikularität historischer Ordnungen und damit die mangelhafte Historisierung sozialwissenschaftlicher Analyse.[47] Der Aufstieg neoliberaler Globalisierung fand nicht unter denselben Umständen statt wie jener der liberalen britischen Hegemonie im 19. Jahrhundert. Ein entscheidender struktureller Unterschied zwischen beiden »liberalen« Phasen ist die Existenz einer transnational verflochtenen Weltwirtschaft im ausgehenden 20. Jahrhundert, von der für das 19. Jahrhundert keine Rede sein kann. Ein derartiger Wirtschaftsraum mit kleinteiligen Lieferketten und komplexen Handels- und Investitionsnetzwerken schafft vollkommen neue Interdependenzen und

Machtressourcen als die entlang nationaler Ökonomien strukturierte Weltwirtschaft ein Jahrhundert zuvor.[48]

Auch der Niedergang der liberalen Ordnung des 19. Jahrhunderts muss daher anders bewertet werden als das Ende der neoliberalen Globalisierung. Während die aufkommende Telekommunikation sowie andere technologische Fortschritte zu jener Zeit den Beginn globalisierter Interdependenzen einläuteten, wurden Macht und Einfluss in der Weltwirtschaft noch immer national gedacht. Die Konkurrenz um Industrialisierung, Ressourcen und koloniale Ausbreitung fand vor dem Hintergrund merkantilistischer Nullsummenspiele statt. Der Historiker Paul Kennedy hat die damals unter den Eliten und Entscheidungsträgern verbreitete Sicht als »Weltanschauung« zusammengefasst, in deren Mittelpunkt »Kampf, Veränderung, Wettbewerb, die Anwendung von Gewalt und die Organisation nationaler Ressourcen zur Steigerung von Staatsmacht« standen.[49] Diese merkantilistisch-geopolitische Perspektive reflektiert die Realität jener Zeit, die von national definierten und hauptsächlich über Handel und Kredit miteinander verflochtenen Volkswirtschaften beherrscht wurde.

Entsprechend erfolgte die Entflechtung der größten Volkswirtschaften zwischen den 1880er Jahren und dem Ersten Weltkrieg hauptsächlich über Einfuhrzölle und den protektionistischen Aufbau heimischer Schlüsselindustrien.[50] Verglichen mit den heutigen Tendenzen zu partiellem und vorsichtigem »De-Risking« war die Entflechtung des 19. Jahrhunderts ökonomisch relativ erfolgreich. Länder wie Deutschland, Italien oder Frankreich wiesen eine positive Korrelation zwischen Protektionismus und Wachstum auf.[51] Dieses Verhältnis wandelte sich am Ende des 20. Jahrhunderts, in einer globalisierten Welt, in ihr Gegenteil. Protektionismus führt seitdem tendenziell eher zu Wohlstandsverlusten.[52] Das Negativbeispiel der Folgen des Brexits – einer bewusst eingegangenen ökonomischen, rechtlichen und politischen Entflechtung – illustriert eindrücklich die fundamentalen Unterschiede zwischen einer Welt inmitten der Industrialisierung im 19. Jahrhundert und einer tief integrierten globalen Wirtschaft im frühen 21. Jahrhundert.

Die zyklische Wiederkehr des Immergleichen ist somit weder für den Aufstieg noch für den Fall globaler Ordnungen ein passendes Bild. Dennoch finden sich solche Übertragungen polanyischer Denkmuster auf die internationalen Beziehungen – oft ohne deren politökonomische Fundierung – insbesondere bei geopolitischen Deutungen der gegenwärtigen globalen Umwälzungen. Aus geopolitisch-realistischer Perspektive sind liberale Phasen in den internationalen Beziehungen wie etwa jene nach dem Kalten Krieg häufig nur eine periodische Befriedung einer grundsätzlich anarchischen Staatenwelt. In dieser Logik war die Rückkehr der Geopolitik, etwa in Form des Trump'schen Isolationismus, der aggressiven Außenpolitik Xi Jinpings oder des russischen Überfalls auf die Ukraine, nur eine Frage der Zeit; die Periode nach dem Kalten Krieg aber war geprägt von (westlichen und anderen) »Illusionen« hinsichtlich einer liberalen Weltordnung.[53] Der Politikwissenschaftler Stephen Walt sieht den Ukrainekrieg beispielsweise als die finale Rückkehr der Geopolitik nach dem Ende des Kalten Krieges. Die Phase neoliberaler Globalisierung und die damit einhergehende Umstrukturierung der globalen Ordnung gelten ihm lediglich als »kurzer unipolarer Moment«, der von der neuen Geopolitik abgelöst werde.[54]

Auch in politökonomische Analysen schleichen sich oft zyklische Interpretationen ein. Wenn beispielsweise der analytische Fokus auf den internationalen Handel gelegt wird, während andere Aspekte neoliberaler Globalisierung weniger Beachtung finden, erscheint das späte 19. Jahrhundert unserer Gegenwart täuschend ähnlich.[55] Doch nicht der internationale Handel, sondern die transnationale Verflechtung – etwa durch die tragende Rolle direkter Auslands- und Portfolioinvestitionen oder dem Aufbau komplexer Lieferketten und Produktionsnetzwerke[56] – und die Entstehung einer *globalen* Weltwirtschaft sind der entscheidende Unterschied zu früheren Phasen geopolitischer Auseinandersetzungen. Den zyklischen, »geopolitischen« Interpretationen unserer Zeit stelle ich also eine geoökonomische Lesart entgegen, die empirische Präzision und historische Sensibilität fordert. Damit unterstelle ich keineswegs Karl Polanyi *selbst* ein zyklisches Geschichtsverständnis. Ich betone vielmehr, dass die Polanyi-Interpretation in den internationalen Beziehungen und der Internationalen Politischen Ökonomie zuweilen zu solchen Übertragungen neigt. Wie der Politikwissenschaftler Owen Worth feststellt, ist der Raum, der Denkfiguren wie der »Gegenbewegung« zu Kommodifizierungsprozessen in akademischen Diskussionen gegeben wird, viel größer als in Polanyis Werk selbst.[57] Daher rührt auch die Bezeichnung »populärer« Polanyismus, um eben solche Übertragungen und Denkmuster zu erfassen. Polanyi hatte also wohl recht – allerdings nicht in dem verkürzten Sinne, den Metaphern wie diejenige des »Pendels« oder der zyklischen Gegenbewegungen suggerieren.

Geoökonomie als neuer Modus Operandi der internationalen Beziehungen

Wie verhält es sich nach dieser Beschreibung nun mit der geoökonomischen Ordnung? Da sie noch im Werden begriffen ist, sind für uns vor allem die ihr zugrunde liegenden Strukturprozesse relevant. Ähnlich wie bei der neoliberalen Globalisierung, aus der die neoliberale Ordnung erwuchs, findet zurzeit eine *Geoökonomisierung* der globalen Ordnung statt. Ihre wesentlichen Elemente fasse ich unter den folgenden drei Gesichtspunkten zusammen: die *Strategisierung* von wirtschaftlicher Verflechtung, die *Fragmentierung und Regionalisierung* der internationalen Ordnung sowie die *Transformation* von Staatsmacht. Alle drei Bewegungen haben sich erst in den letzten Jahren der neoliberalen Globalisierung herausgebildet und stehen dieser teilweise klar entgegen.

Das erste Element, die Strategisierung von Verflechtung, beschreibt die zunehmende Verdrängung der (neo-)liberalen Idee, der zufolge wirtschaftliche Integration zu absoluten Wohlfahrtsgewinnen führt.[58] Diese Idee war ein wichtiges Argument der Befürworter neoliberaler Globalisierung. Wenn internationaler Handel, Investitionen und Kapitalmobilität allen Teilnehmenden Gewinne versprechen, ist zunehmende Interdependenz im Normalfall ausnahmslos zu befürworten. Natürlich gab es schon zu den Hochzeiten neoliberaler Globalisierung um die Jahrtausendwende genügend Stimmen, die diese Idee theoretisch, empirisch und auch aktivistisch herausgefordert haben. Die Existenz einer globalisierungskritischen Bewegung seit den 1990er Jahren bezeugt, dass solche Ideen niemals unumstritten waren. Auf der Seite globaler Entscheider und Machthaber gab es aber kaum aktiven Widerspruch zu stärkerer wirtschaftlicher Verflechtung – selbst bei nominell linken Regierungsparteien nicht.[59]

Diese Zeiten sind vorbei. An die Stelle der liberalen Befürwortung von Interdependenz tritt die merkantilistisch geprägte Vorstellung, dass wirtschaftliche Integration die Gefahr strategischer Nachteile mit sich bringt – von Wettbewerbsnachteilen bis hin zu Gefahren für die nationale Sicherheit.[60] Diese Neubewertung von wirtschaftlicher Verzahnung als potenzieller Abhängigkeit von Handelspartnern, Investoren, Kreditgebern oder Energielieferanten hat mehrere Dimensionen. So wird sie etwa knapp als »Zusammenbruch der Unterscheidung zwischen ökonomischer und nationaler Sicherheit«, als »Versicherheitlichung von Wirtschaftspolitik und Ökonomisierung von Sicherheitspolitik« oder als »Ausbalancieren von Abhängigkeit« bezeichnet.[61] Ich fasse sie als Strategisierung wirtschaftlicher Verflechtung zusammen, um die verschiedenen, aber zusammenhängenden Aspekte dieser Entwicklung deutlich zu machen.

Zwar ist die Versicherheitlichung von Wirtschaftspolitik nicht deckungsgleich mit der Instrumentalisierung bestimmter ökonomischer Verbindungen, doch beide sind Ausdruck eines tiefgreifenden Wandels in der grundsätzlichen *strategischen* Bewertung wirtschaftlicher Interdependenz. Dabei ist es mitnichten so, dass Staaten grundsätzlich wirtschaftliche Beziehungen allein unter dem Gesichtspunkt nationaler Sicherheit sehen und schnellstmöglich kappen wollen. Die Neubewertung dieser Beziehungen unterliegt einer strategischen Selektivität. So sind die Europäische Union und ihre Mitgliedsstaaten auf dem Weg, bestimmte Formen wirtschaftlicher Interdependenz einzuschränken oder komplett herunterzufahren, wie etwa die Möglichkeit chinesischer Direktinvestitionen in europäische Infrastruktur.[62] Zugleich will die EU auch künftig ein globaler Handels- und Investitionsriese bleiben, wie beispielsweise die 2021 veröffentlichte Leitlinie der »*offenen* strategischen Autonomie« vorgibt. Dort wird die Relevanz offener Märkte und Handelsabkommen mit Regionen wie Lateinamerika oder dem Indopazifik betont – aber eben nicht mit der geoökonomischen Konkurrenz aus China oder Russland.[63] Vergleicht man diese Selektivität mit früheren Politiken der EU, wird die strategische Dimension mehr als deutlich. Bis weit in die 2010er Jahre trat die Union noch stets als größter Befürworter eines globalen *level playing field*, also weltweit angeglichener Wettbewerbsbedingungen, auf.[64] Diese Vorstellung einer integrierten Weltwirtschaft mit gleichen Bedingungen für alle Teilnehmenden war in vielerlei Hinsicht das Gegenteil strategischer Selektivität, welche die Realität ungleicher Bedingungen als Voraussetzung für die Strategiebildung annimmt.

Aus dieser Perspektive ist Interdependenz nicht mehr nur ausschließlich gut und erstrebenswert, wie es spätestens die »zweite Generation« neoliberaler Politik seit den 1990er Jahren diskursiv etabliert hatte.[65] Dieser Aspekt der Geoökonomisierung hat konkrete Folgen für die globale Ordnung. So sind die drei Kernprozesse neoliberaler Globalisierung – Finanzialisierung, Deregulierung und Flexibilisierung und die Herausbildung transnationaler Opportunitätsräume – nicht mehr Selbstzweck, sondern werden von Entscheidungsträgern strategisch betrachtet. Die Vertiefung globaler Opportunitätsräume etwa ist schon längst kein Selbstläufer mehr, sondern stockt in wesentlichen Punkten seit mehreren Jahren. Beispiele hierfür sind nicht nur die neue Selektivität der EU gegenüber ausländischen

Direktinvestitionen, sondern auch der Hightechprotektionismus der USA und Chinas oder das Scheitern mehrerer Freihandelsabkommen in den letzten Jahren – selbst zwischen vermeintlichen Verbündeten wie den Vereinigten Staaten und Europa im Fall des transatlantischen Freihandelsabkommens (Transatlantic Trade and Investment Partnership, TTIP).[66]

Den zweiten geoökonomischen Kernprozess bilden die Fragmentierung und Regionalisierung der internationalen Ordnung. Damit wird eine jahrelange Tendenz zur Integration und wirtschaftspolitischen Angleichung umgekehrt, die die neoliberale Globalisierung auszeichnete. Am Ende des Kalten Krieges fiel mit dem Eisernen Vorhang nicht nur ein politisches Konstrukt, sondern auch eine wirtschaftliche Schwelle für die Ausbreitung und Vertiefung marktwirtschaftlicher Systeme in globalem Maßstab. Die Einbindung Chinas in die Welthandelsorganisation (2001) sowie die relativ rasche Integration mehrerer Länder des ehemaligen Ostblocks in die Europäische Union (2004 und 2007) deuteten noch vor einigen Jahren darauf hin, dass das Ende der Systemkonkurrenz auch das Ende der Blockbildung und globalen Fragmentierung in (wirtschaftliche) Einflussräume bedeuten würde. Diagnosen wie die, dass die Welt durch die Globalisierung nun eben »flach« geworden sei, fingen diesen allgemeinen Integrationsoptimismus auf populäre Weise ein.[67]

Doch bereits gegen Ende der 2000er Jahre zeichnete sich eine Tendenz zur Fragmentierung dieser neoliberalen Ordnung ab. Der Aufstieg und die letztendliche Institutionalisierung von BRICS sind hierbei Schlüsselmomente. Ins Leben gerufen wurde die Organisation 2006, als sich eine lose Gruppe sogenannter aufstrebender Schwellenländer in eine intergouvernementale Institution transformierte (zunächst noch ohne Südafrika).[68] Forscher in den Internationalen Beziehungen sehen seit Mitte des vergangenen Jahrzehnts das distinkte, staatsbestimmte Kapitalismusmodell der BRICS-Staaten als Herausforderung für die neoliberale Ordnung.[69] Vor allem die letzten Jahre seit Beginn der Coronapandemie waren durch eine verstärkte Distanz der BRICS-Länder zur westlichen Staatengemeinschaft, auch im Bereich außenpolitischer Zusammenarbeit, geprägt. In denselben Zeitraum fällt die Erweiterung der Kerngruppe um Ägypten, Äthiopien, Indonesien, den Iran sowie die Vereinigten Arabischen Emirate. Wenn die internationale Institutionalisierung während der Hochzeiten neoliberaler Globalisierung ein, zumindest dem Anspruch nach, globales Unterfangen war, ist die Institutionalisierung politischer Blöcke wie BRICS deren Gegenteil. Diese Tendenzen deuten eher darauf hin, dass Aspekte wie Multilateralismus oder Multipolarität die folgenden Jahrzehnte bestimmen werden.

Ich sehe in dieser Fragmentierung und Regionalisierung wirtschaftlicher und politischer Aspekte ein eindeutig geoökonomisches Phänomen, das die Grundlagen neoliberaler Globalisierung untergräbt. Beide fördern die Bildung neuer regionaler Blöcke, aber auch multipolarer Institutionen wie etwa der 2015 ins Leben gerufenen Asiatischen Infrastrukturinvestitionsbank (AIIB). Die AIIB steht in expliziter Konkurrenz zu etablierten Organisationen wie der Weltbank oder dem Weltwährungsfonds. Ihre Gründung und der unerwartete Beitritt europäischer Staaten wie Deutschland, Frankreich oder Großbritannien riefen scharfe Kritik von Seiten der damaligen Obama-Regierung hervor. Bis heute sind die USA und Japan keine Mitglieder. Die AIIB wird als Teil der Projektion chinesischer Wirtschaftspolitik und geoökonomischer Interessen und nicht nur als rein globale Institution im Sinne etwa der Weltbank gesehen.[70]

Doch nicht nur China trägt, als ein geoökonomischer Hauptakteur, zur Fragmentierung und Regionalisierung der globalen Ordnung bei. Der zuletzt beschlossene US-amerikanische Inflation Reduction Act (IRA) wird insbesondere in Europa als protektionistisches Instrument im globalen geoökonomischen Wettbewerb bewertet. Beispielsweise fasst der wichtige Think-Tank Bruegel mit Sitz in Brüssel die Menge und Art an Subventionen für die US-amerikanische Entwicklung und Skalierung klimafreundlicher Technologien in Teilen als klaren Bruch globaler Handelsregeln auf.[71] Manche Kritiker diesseits des Atlantiks sehen in dem IRA aufgrund seiner Betonung von »made in America« auch einen Extremfall versuchter Regionalisierung – oder Amerikanisierung – globaler Wertschöpfungsketten. Dies folgt auf eine Phase, in der die erste Trump-Regierung mehrere Stützpfeiler der liberalen Ordnung wie z.B. die Welthandelsorganisation diskursiv und materiell geschwächt hatte.

Selbst die Europäische Union wandelt sich allmählich von einer offenen, auf die wettbewerbliche Gleichstellung globaler Märkte fokussierten Institution zu einem »geopolitischen« Projekt, wie Ursula von der Leyen zu Beginn ihrer ersten Kommissionspräsidentschaft 2019 verlautbarte.[72] Die oben erwähnten Regeln zur Eindämmung und Kontrolle ausländischer Direktinvestitionen sind ein gutes Beispiel für die politisch getriebene Fragmentierung der globalen Wirtschaft. Doch auch im weltweiten Infrastrukturwettbewerb nimmt die EU eine zuweilen inkohärente, aber doch geoökonomisch motivierte Position ein, die auf die Kontrolle globaler Infrastrukturen abzielt.[73] Fragmentierung und Regionalisierung sind dabei eng miteinander verwoben. Ein besonders während der Coronapandemie angestoßenes Thema ist das sogenannte »Reshoring«, also der Rückbau globaler Lieferketten bis hin zu heimischer Produktion essenzieller Güter wie etwa Halbleitern. Ich werde in Kapitel 3 nochmals auf Infrastrukturen und auch auf das Thema Reshoring zurückkommen.

Der dritte Kernprozess, den ich für entscheidend erachte, ist die Transformation von Staatsmacht in einer geoökonomischen Welt. Der englische Begriff *statecraft* (den ich hier mit »Staatsmacht« übersetze) beschrieb ursprünglich die Kunst des Staats*handelns*. In der Zeit nach dem Zweiten Weltkrieg galt *statecraft* als die Kunst, Strategien zu konzeptualisieren und auszuführen, die das nationale Interesse in einer anarchischen Umwelt sichern.[74] Heute hat sich dieses Handeln dahingehend verändert, dass die globale wirtschaftliche Verflechtung Regierungen neue Möglichkeiten der Interessensicherung bietet, diese aber auch vor geoökonomische Herausforderungen stellt.[75] *Statecraft* ist heute also viel mehr als nationale Strategiebildung in einer anarchischen, aber übersichtlichen Welt. Die Vielschichtigkeit insbesondere wirtschaftlicher Verflechtung stellt nationale Institutionen vor gewaltige Erkenntnis- und Strategieprobleme, da Optionen und Handlungsspielräume oft nicht klar aus dieser Komplexität hervorgehen. Ich bevorzuge daher den Begriff von Staats*macht*, um die sich konstant verändernden Strukturbedingungen von Regierungshandeln und Interessendurchsetzung zu betonen.

Staatshandeln sah sich in der Geschichte des Kapitalismus verschiedenen Strukturbedingungen ausgesetzt, die öffentliche Macht in gewissen Bereichen einschränkten und in anderen erweiterten. So wurde Staatsmacht in der neoliberalen Ordnung umfunktioniert, um Wirtschaftspolitik dem direkten Zugriff demokratischer Prozesse möglichst zu entziehen.[76] In der entstehenden geoökonomischen Ordnung ist eine solche Funktion eher untergeordnet. Hingegen ist die strategische Kontrolle von Infrastrukturen und Wertschöpfungsketten ein Bereich, in dem zunehmend auch Regierungen über verschiedene Kanäle – Regulierung, Wirtschaftsaußenpolitik oder auch staatliche Investitionen – eine entscheidende Rolle spielen.[77] Der Fokus auf die veränderten Funktionen von öffentlicher Macht geht also nicht von einem konstanten nationalen Interesse aus. Vielmehr ist dieses (unter anderem) eine Funktion der Strukturbedingungen globaler Ordnung. Staatsmacht diente in der neoliberalen Ordnung anderen Zwecken als in einer geoökonomischen Welt.

Ich behaupte dabei dezidiert *nicht*, dass »der« Staat als einheitlicher Akteur in jeglicher Hinsicht eine größere Rolle in einer geoökonomischen Welt spielt. In vielen Fällen waren neoliberale Institutionen vielleicht sogar erfolgreicher in der Disziplinierung sozialer Kräfte, als es die geoökonomischen im Begriff zu werden sind. Vielmehr möchte ich das Augenmerk auf eine entscheidende Transformation dieser Machtverhältnisse legen, die sich momentan vollzieht. Viele Staatsapparate entwickelten in den letzten Jahren Instrumente und Kanäle, die zunächst als eine Anpassung an die neoliberale Globalisierung gesehen werden konnten. So haben etwa die Monarchien des Nahen Ostens wie Katar oder Saudi-Arabien ihre aus fossilen Gewinnen gespeisten Staatsfonds in globale Aktien- und Immobilienmärkte integriert. Diese Anpassung an die Regeln globalisierter Finanzmärkte verschafft ihnen nun zuvor nicht verfügbare Machtressourcen. Der saudische Public Investment Fund (PIF) oder der norwegische Government Pension Fund Global sind heute wichtige globale Investoren und Geldgeber und zählen zu den größten institutionellen Anlegern weltweit. Mit ihren Investitionsentscheidungen können viele Staatsfonds und -unternehmen Märkte bewegen.[78] Dabei sind sie eben auch politische Player. Sie unterliegen staatlicher, manchmal auch parlamentarischer Kontrolle und handeln nach politisch beschlossenen Investitionsmandaten. Sie stellen »neue« Staatsapparate dar, die sich unter den Bedingungen neoliberaler Globalisierung herausgebildet haben und nun die geoökonomische Ordnung mit ihrer Macht und ihren Handlungsspielräumen entscheidend prägen.

Doch auch klassische Akteure wie Zentralbanken und staatliche Entwicklungsbanken sind in den letzten Jahren vermehrt und selbstbewusst im globalen Kapitalismus aufgetreten.[79] Die Export-Import Bank of China oder die China Development Bank etwa stiegen innerhalb weniger Jahre zu mächtigen Gläubigern lateinamerikanischer Staaten auf und erhöhten dabei den (geo-)politischen Spielraum vieler dieser Länder maßgeblich – ebenso wie ihre eigene Macht im internationalen System.[80] Diese Apparate konnten während der Krisen und Umbrüche der 2010er Jahre unter Beweis stellen, dass Staatsmacht nicht allein auf ein unitaristisches Staatsverständnis begrenzt bleibt und dass sich der Spielraum von Regierungshandeln durch die Kanäle und Verflechtungen der Globalisierung entscheidend verändert, oft auch erweitert. Dadurch wird Staatsmacht über ein klassisches geopolitisches Verständnis hinaus zu einem Phänomen, das nicht mehr einheitlich (etwa in Form einer Regierung) auftritt, sondern sich über Interaktion mit Märkten, Institutionen und anderen Strukturbedingungen transformiert.

Diese Veränderung ist, wie auch die beiden erstgenannten Strukturprozesse der Geoökonomisierung, nur vor dem Hintergrund der neoliberalen Ordnung vollständig zu begreifen. Staatsmacht tritt heutzutage eher fragmentiert auf und manifestiert sich in spezifischen Entitäten wie Staatsfonds, *gerade weil* die neoliberale Globalisierung die entsprechenden Strukturen und Opportunitätsräume dafür schuf. Die klare Entgegensetzung von Staats- und Marktmacht lässt sich spätestens mit der Geoökonomisierung von öffentlicher Macht nicht mehr aufrechterhalten. Im Gegenteil instrumentalisieren Regierungen oftmals Unternehmen und umgekehrt, um in einer sich verändernden Umwelt strategische Ziele zu erreichen. Dies gilt nicht nur für sogenannte »staatskapitalistische« Ökonomien wie China oder Russland, sondern auch für vermeintlich liberale wie Norwegen oder Frankreich.[81] Für das Verständnis der aufkommenden geoökonomischen Ordnung sind diese fließenden Übergänge zentral.

Geoökonomie als gegenwärtiger Modus Operandi internationaler Politik und internationaler (Wirtschafts-) Beziehungen ist also durch Strategisierung, Fragmentierung/Regionalisierung sowie Transformation von Staatsmacht gekennzeichnet. Wirtschaftliche und politische Interaktion wird schon heute, und viel mehr in den folgenden Jahren, von diesen Logiken bestimmt werden.

2
Staat

Vom Wettbewerbsstaat zum geoökonomischen Staat

Der Aufstieg der neoliberalen Globalisierung in den 1990er und 2000er Jahren war vom »Wettbewerbsstaat« geprägt. Maßgeblich trug dieser zur Verstetigung marktförmiger sozialer Beziehungen bei. Anders als oft behauptet, wurde Staatsmacht im Zuge der »neoliberalen Revolution« aber nicht einfach zugunsten von Marktmacht verdrängt. Erst durch die Umformung zahlreicher öffentlicher Institutionen in Europa und in der ganzen Welt gelang es, wesentliche Bestandteile neoliberaler Politiken flächendeckend zu etablieren. Es waren nationale Regierungen, die in den 1990er Jahren ein *race to the bottom* bei Unternehmenssteuern lostraten.[1] Auch die Implementierung von Wettbewerbsfähigkeit als Leitlinie einer »zeitgemäßen« Wirtschaftspolitik muss vor diesem Hintergrund begriffen werden. Der Ökonom Michael Porter hat betont, wie zentral Staatsmacht für den ökonomischen Wettbewerb in der neoliberalen Ära war: Sie wurde zunehmend und nicht etwa weniger wichtig.[2] Joachim Hirsch sprach in diesem Zusammenhang auch von einer »*Durchstaatlichung*«.[3]

Die hauptsächliche Funktion neoliberaler Staatlichkeit in den 1990er und 2000er Jahren war die Anpassung *interner*, nationaler Institutionen und sozioökonomischer Beziehungen an die Ansprüche transnationaler Kapitalbewegungen. Die Weltwirtschaft wurde als limitierender Faktor betrachtet. Weil globale Investoren »scheu« und alternative Investitionsziele stets verfügbar waren, sollte die heimische Wirtschaftspolitik in erster Linie die Wettbewerbsbedingungen des eigenen Landes verbessern. Standortvorteile mussten hergestellt und kontinuierlich gegen gesellschaftliche Ansprüche verteidigt werden. Zum Repertoire des Wettbewerbsstaates zählten daher vor allem interne Instrumente wie etwa die Deregulierung von Arbeits- und Kapitalmärkten, fiskalische Austerität und der Rückbau der sozialen Absicherung, Investitionen in die Modernisierung nationaler Innovationssysteme und Unternehmensstrukturen oder die Senkung von Unternehmenssteuern.[4] Ohne einen »starken Staat« wäre der Erfolg neoliberaler Politikinhalte so nicht möglich gewesen.[5]

Seit einiger Zeit wandelt sich der Wettbewerbsstaat schrittweise zum geoökonomischen Staat. Die interne Anpassung nach neoliberalen Maßgaben ist eine Voraussetzung für diese Transformation. Neue globale Rivalitäten und ein sich abzeichnender neuer kalter Krieg rücken indes die *extern* gerichteten Aspekte von Regierungshandeln in den Vordergrund. Auch geoökonomische Staaten sehen sich mit globalen Herausforderungen konfrontiert, die ihre Gestaltungskraft erfordern. Allerdings reagieren sie darauf, indem sie Veränderungen aktiv zu beeinflussen versuchen, anstatt sich ausschließlich intern an diese anzupassen. Politikinstrumente zu diesem Zweck sind beispielsweise die Akquise wichtiger Assets und von Know-how durch international tätige Staatsunternehmen, die Wiederentdeckung der Industriepolitik, die politische Instrumentalisierung transnationaler Unternehmensnetzwerke oder die Einführung von Investitionsprüfungsregimes.[6]

Manche dieser Instrumente sind defensiver, andere eher offensiver Natur. Sie eint die Absicht, die Weltwirtschaft für politische und ökonomische Zwecke verfügbar zu machen und nicht einfach als gegebene Strukturbedingung hinzunehmen. Das ist der erste der beiden entscheidenden Unterschiede zwischen dem neoliberalen und dem geoökonomischen Staat. Zwar reagieren beide auf eine verflochtene Weltwirtschaft, aber das *Verhältnis* des Staates zu dieser verändert sich nach und nach. In manchen Fällen, wie in dem von China oder dem der USA, geschieht dies schneller, in anderen, wie bei Ländern in Europa, langsamer. Der geoökonomische Staat entwickelt Instrumente und Wege, um die globalisierte Wirtschaft für relative Gewinne nutzbar zu machen oder drohende (Wohlstands-)Verluste zu begrenzen. Das geschieht beispielsweise durch die Sicherung gefährdeter Lieferketten mittels »Onshoring« oder der Errichtung und staatlichen Kontrolle transnationaler Infrastrukturen für Energieimporte, für digitale Verkehrswege oder für den Import seltener Erden durch globale und regionale Mächte wie etwa die Golfstaaten.[7]

Ein zweiter, wichtiger Unterschied von Wettbewerbsstaat und geoökonomischem Staat betrifft die Kapazitätsungleichheiten zwischen Ländern. Neoliberale Handlungslogiken konnte prinzipiell jede Regierung adaptieren, um sich an globale Veränderungen anzupassen oder von diesen zu profitieren. Die Erfolgsaussichten waren nicht durch die Größe der heimischen Wirtschaft oder das jeweilige Entwicklungsmodell bestimmt. Beispiele wie Singapur zeigen, wie selbst kleine, staatsdurchdrungene und geopolitisch exponierte Ökonomien in der Lage waren, die neoliberale Globalisierung erfolgreich für sich zu nutzen.[8] Für das Zeitalter des geoökonomischen Staats gilt dies nicht gleichermaßen. Zum einen besitzt nicht jedes Land das nötige Gewicht, um offensiv globale Netzwerke und Abhängigkeiten zum eigenen Vorteil zu manipulieren.[9] Zum anderen verfügen viele Länder nicht über Binnenmärkte von relevanter Größe, um die Kosten für defensive Instrumente tragen zu können. Import- oder exportabhängige, auf spezifische Güter spezialisierte oder geopolitisch exponierte Staaten besitzen zunächst wenig Spielraum, um die heimischen Industrien zu schützen oder strategische Investitionsbeschränkungen auf längere Sicht durchzuhalten. Sowohl die offensiven als auch defensiven Kapazitäten und deren Einschränkungen sind ungleich verteilt – Regierungen müssen sich beides wortwörtlich »leisten« können.

Die Unterscheidung zwischen dem sich »anpassenden« neoliberalen und dem »proaktiven« geoökonomischen Staat könnte als Werturteil gelesen werden, sie ist aber rein analytisch gemeint. Mir geht es hier nicht darum, dass Staaten nach Jahren »alternativloser« Politik im Angesicht einer von vielen Menschen als übermächtig erfahrenen Globalisierung nun endlich wieder das Heft des Handelns in die Hand nehmen. Bei aller Kritik am Neoliberalismus: Der geoökonomische Staat ist keineswegs ein unproblematisches Projekt und ist mit enormen Risiken verknüpft. Abhängigkeiten zu instrumentalisieren, globale Rivalitäten in einem geoökonomischen Wettlauf um Macht zu verschärfen, Einflusssphären abzustecken und technologische Überlegenheit anzustreben, all das erinnert stark an vorangegangene Phasen globaler Konflikte, die oftmals in kriegerischen Auseinandersetzungen mündeten. Eskalation und Wohlstandsverluste sind realistische Aussichten für eine vom Aufstieg des geoökonomischen Staates geprägte Politik im 21. Jahrhundert. Es ist wichtig, diese Transformation in ihrer Gänze und auch Widersprüchlichkeit zu verstehen, um analytisch fundierte Optionen für die handelnden Akteure zu formulieren.

Was genau hat zu der Entwicklung hin zum geoökonomischen Staat geführt und was befeuert diesen Wandel weiterhin? Die Antworten auf diese Fragen sind komplex, aber grundsätzlich kann man zwischen eher materialistischen und eher diskursiven Perspektiven unterscheiden. Erstere betonen, wie umkämpft Transformationen von Staatlichkeit sind, und sehen in der Entstehung neuer Koalitionen und Bündnisse innerhalb von Staatsapparaten eine Reaktion auf globale Veränderungen.[10] Ein aktuelles Beispiel hierfür sei das Verschmelzen von politischer und ökonomischer Macht in den USA zu Beginn der zweiten Amtszeit Donald Trumps. Wichtige Vertreter der Tech-Industrie, die politisch lange Zeit in der Nähe der Demokratischen Partei verortet wurden, stellten sich finanziell und inhaltlich an die Seite der neuen Regierung. Dieser neue »Techno-Nationalismus« stelle auch eine Antwort auf den Aufstieg Chinas dar.[11] Der geoökonomische Staat könnte also aus einer Neujustierung sozialer Kräfteverhältnisse zwischen Machteliten als Folge globaler Veränderungen entstehen.

Perspektiven der zweiten Art heben sich verändernde *Diskurse* innerhalb von Staatsapparaten und Gesellschaften hervor.[12] Hier spielen die sich wandelnde Wahrnehmung der internationalen Umwelt unter Entscheidungsträgern und das daraufhin folgende neu ausgerichtete politische Handeln eine Rolle. Um nur ein Beispiel zu nennen: Europäische Politiker betrachten die Risiken ausländischer Direktinvestitionen für die nationale Sicherheit heute anders als vor einem Jahrzehnt; sie bewerten diese als deutlich größer im Vergleich zu früher.[13] Entsprechende Politiken folgten dieser veränderten Wahrnehmung und beschleunigten dadurch letztlich die Geoökonomisierung von Staatshandeln. In empirischer Hinsicht spielen beide Aspekte eine wichtige Rolle und bestärken sich gegenseitig.

Neue defensive Kapazitäten: Investitionsscreening und Ausfuhrkontrollen

Als die Covid-19-Pandemie die Welt im Frühjahr 2020 fest im Griff hatte, verkündete die damalige EU-Wettbewerbskommissarin Margrethe Vestager überraschend, die Kommission habe »überhaupt kein Problem« mit Verstaatlichungen.[14] Angesichts chinesischer Staatsinvestoren sowie einer pandemiegeschwächten europäischen Wirtschaft seien solche »Abschreckungsmaßnahmen« durchaus sinnvoll. Für die oberste Wettbewerbshüterin einer liberalen EU war dieser Vorstoß zumindest ungewöhnlich. Die unmittelbare Krisensituation erklärt diesen protektionistischen Schwenk nur unzureichend: Bereits vor der Pandemie hatte es ähnliche Vorschläge aus Deutschland, Frankreich und den Niederlanden gegeben. Vestager selbst hatte diese angesichts staatskapitalistisch organisierter Konkurrenz aus dem nichteuropäischen Ausland als »praktisch« bezeichnet.[15] Etwas mehr als drei Jahre später wurde die EU mit einem umfassenden Investitionsprüfungsmechanismus ausgestattet, der nur den Beginn einer breit geführten Debatte um mehr Protektionismus und strategische Autonomie der Union markiert.

Auf allen Ebenen politökonomischen Handelns setzt sich mittlerweile ein neues Verständnis der Rolle des Staates durch. Zwei Jahrzehnte zuvor wäre ein Freifahrtschein für die Verstaatlichung konkurrenzfähiger heimischer Firmen, zumal von einer liberal gesinnten EU-

Wettbewerbskommissarin, noch unvorstellbar gewesen. Ein sich verändernder Modus Operandi der globalen politischen Ökonomie lässt solche Vorschläge indes zur neuen Normalität werden. Die Debatten der kommenden Jahre in und über Europa hinaus, von jenen um eine globale Emissionssteuer bis hin zu jenen um die Bedeutung einer »grünen« Industriepolitik im globalen Wettbewerb, werden sich innerhalb der Möglichkeiten und Grenzen dieses neuen geoökonomischen Staatsverständnisses abspielen.

Schon heute schlägt sich dies in materiellen Veränderungen nieder. Viele Länder haben im Laufe der vergangenen Jahre neue Kapazitäten und Instrumente entwickelt, durch die sich die Funktionsweise der globalen Ökonomie zunehmend verändert. In defensiver Hinsicht sind dies vor allem Investitionsprüfungsmechanismen (das sogenannte Investitionsscreening) sowie derzeit oft diskutierte Ausfuhrkontrollen für wichtige Güter wie seltene Erden oder Halbleiter. Investitionsscreening hat sich in den letzten Jahren als zentrales Instrument erwiesen, um sich gegen unerwünschte Einflussnahme und vor potenziellen nationalen Sicherheitsrisiken zu wappnen. Weltweit existiert inzwischen eine Fülle von Regelungen, die sich teilweise stark unterscheiden.[16] Im Kern aber funktioniert jeder Investitionsprüfungsmechanismus über zwei Elemente: Sektoren und Investitionsgrenzen. Regierungen identifizieren einen oder mehrere Sektoren, die von nationaler (wirtschaftlicher oder sicherheitspolitischer) Bedeutung sind, und unterziehen mögliche ausländische Investitionen einer näheren Überprüfung. Des Weiteren können Staaten auch (prozentuale oder absolute) Investitionsgrenzen festsetzen, ab denen solche Prüfungen durchgeführt werden. Die meisten Mechanismen kombinieren beide Aspekte.

In den letzten Jahren sind zudem die zugrunde liegenden Parameter allerorts verschärft worden. Speziell in Deutschland wurde die erfolgreiche, aber hoch umstrittene Übernahme des Augsburger Robotikherstellers Kuka durch den chinesischen Midea-Konzern im Jahre 2016 zum Auslöser für eine Kehrtwende in dieser Hinsicht. Die folgenden Novellen der Außenwirtschaftsverordnung wurden in der Presse sogar als »Lex Kuka« betitelt.[17] In mehreren Runden erweiterte die Bundesregierung den in der Verordnung verankerten Investitionsprüfungsmechanismus.[18] Zuletzt wurden im Januar 2021 die Investitionsgrenzen für relevante Kontrollen auf zehn Prozent des Unternehmenswerts gesenkt sowie die betroffenen Sektoren um Hightechbereiche erweitert, die im globalen geoökonomischen Wettbewerb eine Rolle spielen. Weitere Verschärfungen, die beispielweise chinesische Investitionen in bestimmten Sektoren de facto unmöglich machen würden, stehen derzeit wieder oben auf der deutschen und europäischen politischen Agenda.[19] Und auch auf EU-Ebene hat sich seit dem »Fall Kuka« einiges getan. Besaßen 2017 nur elf Mitglieder einen entsprechenden Investitionsprüfungsmechanismus, sind es heute bereits 24 von 27.

Um die politische Dimension dieser Entwicklung vieler Industrieländer hin zu neuen protektionistischen Formen zu verstehen, ist ein Vergleich mit dem internationalen Handel instruktiv. Seit der Wahl Donald Trumps zum Präsidenten 2016 lag die mediale und öffentliche Aufmerksamkeit auf dem eskalierenden Handelskrieg zwischen China und den USA. Befürchtungen hinsichtlich einer »Deglobalisierung« wurden durch das Scheitern langjährig verhandelter Freihandelsabkommen wie TTIP oder den schleppenden Verlauf der über zwanzigjährigen Verhandlungen des EU-Mercosur-Abkommens genährt. Kommerzieller Austausch und institutionalisierte Handelsbeziehungen sind zwar wichtige Indikatoren für den Grad und die Qualität globaler Verflechtungen, beleuchten aber nur eine Seite der Medaille.

Zu den transnationalen Handlungsräumen, die im Zuge der neoliberalen Globalisierung entstanden sind und die sich kategorial von früheren Perioden globaler Interdependenzen unterscheiden, gehören ausländische Direktinvestitionen. Seit den 1970er Jahren sind ihre Bestände massiv angestiegen, ihr jährliches Volumen hat sich seit den frühen 1990er Jahren etwa verzehnfacht.[20] Direktinvestitionen und Handel zwischen Staaten korrelieren zwar oft, haben aber nicht dieselben politischen Implikationen. Handelsbeziehungen führen in aller Regel nicht zur permanenten Kontrolle von Anlagegütern wie Firmen oder Infrastrukturen im Zielland. Anders bei Direktinvestitionen: Diese haben im

Regelfall eine teilweise oder vollständige Kontrolle der Investitionsziele zur Folge.[21]

Investitionsprüfungsmechanismen schränken die Spielräume für solche Direktinvestitionen signifikant ein. Obwohl es sich »nur« um Prüfungsinstrumente (und nicht um Verbote) handelt, deuten theoretische Argumente und empirische Analysen auf einen breiteren Abschreckungseffekt hin. Firmen, die potenziell Investitionsprüfungen durchlaufen müssen, kalkulieren solche Risiken in ihre Investitionsentscheidungen ein. Dadurch können solche Instrumente die Aussicht auf erfolgreiche Geschäfte verringern. Diese Abschreckung geht über die eigentlichen Ziele vieler Prüfungsmechanismen – meist China oder andere staatskapitalistisch organsierte Volkswirtschaften – hinaus und kann das generelle Investitionsklima abkühlen lassen.[22]

Über die Theorie hinaus ließen sich in den letzten Jahren auch konkrete politische Veränderungen beobachten. Das Committee on Foreign Investment in the United States (CFIUS) etwa galt lange Zeit als zahnloser Tiger. Der Ausschuss war 1975 von Präsident Gerald Ford als Reaktion auf das Ölembargo arabischer Länder infolge des Jom-Kippur-Krieges zwei Jahre zuvor eingerichtet worden. Er wird vom Finanzminister geleitet, in ihm sind mehrere Ministerien vertreten. Auf Empfehlung des CFIUS kann der amerikanische Präsident zwar spezifische Investitionen verbieten, doch in potenzielle Deals involvierte Firmen sollten sich lange Zeit freiwillig bei CFIUS für eine Prüfung anmelden.

Nur wenige Investitionsversuche scheiterten an der ultimativen Maßnahme des Ausschusses, einem präsidialen Veto. Acht der insgesamt neun Vetos – und das belegt den Wandel in den vergangenen zwei Dekaden – wurden nach 2012 ausgesprochen. So untersagte beispielsweise Joe Biden Anfang 2025 die Übernahme des Stahlproduzenten US Steel durch den japanischen Konkurrenten Nippon Steel, nachdem das CFIUS keinen internen Konsens über diesen umstrittenen Fall herstellen konnte. Die Zahl der untersuchten Fälle ist seit 2005 rasant angestiegen, bis 2018 um satte 358 Prozent.[23] Das Jahr 2022 hält mit 440 den bisherigen Rekord an untersuchten Fällen.

Die erste Trump-Regierung folgte diesem Trend zur Verschärfung und wertete das Komitee 2018 mit dem Foreign Investment Risk Review Modernization Act (FIRRMA) auf. Seither sind Prüfungen bestimmter Investitionen verpflichtend, etwa wenn es um sensible Technologien geht. Weiterhin wurden die betroffenen Sektoren und Investitionsformen signifikant ausgeweitet, um etwa auch Transaktionen zu erfassen, die nicht zu einer Kontrolle des Investitionszieles führen.[24] Im August 2020 unterzeichnete Donald Trump eine Executive Order, in der das chinesische Unternehmen Bytedance aufgefordert wurde, sich von seinem US-Geschäft mit der Videoplattform TikTok zu trennen, andernfalls würde das soziale Netzwerk in den Vereinigten Staaten verboten. Trump folgte damit einer Empfehlung des CFIUS. Nachdem das Gremium lange Jahre eher als Minimalzugeständnis des neoliberalen amerikanischen Staates an heimische protektionistische Kräfte verstanden wurde, gewinnen derartige Werkzeuge in einer geoökonomischen Welt an Bedeutung und illustrieren die Kontinuitäten zwischen der neoliberalen und geoökonomischen Staatsform.[25]

Der Foreign Investment Risk Review Modernization Act kann nicht nur als wichtiges Element in der Transformation des amerikanischen Staates hin zu mehr geoökonomischen Eingriffen verstanden werden, sondern auch als Symptom für einen weltweiten Trend. Wenige Monate nach Inkrafttreten des FIRRMA beschloss die EU erstmalig einen Investitionsprüfungsmechanismus. Mitgliedsstaaten sind dazu angehalten, ähnliche Instrumente auf nationaler Ebene einzuführen. Zwar bleibt die konkrete Umsetzung vorläufig den Ländern überlassen, doch die EU-Kommission definierte in einer Verordnung Mindeststandards, die ein solcher nationaler Mechanismus erfüllen sollte. Darüber hinaus wird eine enge Abstimmung zwischen der Union und den Mitgliedsstaaten gefordert und gefördert, etwa durch die verpflichtende Meldung von geprüften Transaktionen an die Kommission und die Institutionalisierung des Informationsaustausches zwischen den Mitgliedern. Zudem kann die Kommission eigenständig Transaktionen untersuchen und bewerten, die die Interessen der EU selbst betreffen (beispielsweise im Falle von Investitionen in kritische Infrastrukturen). Seit der Einführung der Verordnung im Jahr 2019 hat sich die Anzahl der Länder verdoppelt, die entweder einen Mechanismus eingerichtet haben oder dies beabsichtigen – Stand heute sind dies *alle* Mitgliedsstaaten.

International lässt sich eine ähnliche Entwicklung beobachten. Die Anzahl der Sektoren, die unter einen Prüfungsmechanismus fallen, hat sich in den letzten zehn Jahren vervierfacht, während die Gesamtzahl bestehender Mechanismen sich im selben Zeitraum etwa verdoppelt hat.[26] Die Covidpandemie verstärkte diesen Trend nochmals, da nun auch bisher weniger beachtete Sektoren wie Gesundheit in Investitionsprüfungsprogramme vieler Länder der Organisation für Sicherheit und Zusammenarbeit in Europa (OSZE) integriert wurden.[27] Ein viel beachtetes Beispiel war der Versuch der Trump-Regierung, den deutschen Impfstoffentwickler CureVac im ersten Jahr der Pandemie aufzukaufen, was von der Bundesregierung verhindert wurde.[28] Hinzu kam, insbesondere in Europa, die Befürchtung, ausländische Staatsinvestoren könnten die Covidkrise nutzen, um in Schwierigkeiten geratene Firmen günstig aufzukaufen. Die weitreichenden Aktivitäten des saudischen Staatsfonds PIF belegen, dass solche Bedenken nicht unbegründet waren. So begab sich der PIF laut der *Financial Times* auf eine »Shoppingtour« und investierte knapp unter acht Milliarden US-Dollar in Global Player wie Shell, Boeing, Citigroup oder Facebook.[29] Teil dieser Investitionsoffensive waren auch ungewöhnliche Deals wie etwa wichtige Eigentümerpositionen beim kalifornischen (und der Monopolbildung in der Konzertindustrie beschuldigten) Mediengiganten Live Nation, dem weltgrößten Kreuzfahrtunternehmen Carnival oder dem englischen Fußball-Traditionsverein Newcastle United. Weltweit kam es im Zuge der Covidpandemie zu insgesamt 25 Änderungen und Verschärfungen von Investitionsprüfungsregimes.[30] Unter anderem passten Australien, Japan und eine Reihe von EU-Ländern, darunter Deutschland und Italien, ihre Mechanismen an, z. B. indem zusätzliche Sektoren zu »kritischen Sektoren« erklärt wurden, die von nun an unter verschärfte Kontrollen fallen.

Man mag es zunächst für eine kleine Nachjustierung von Politikinstrumenten und -ideen halten, wenn Investitionsprüfungsmechanismen in Europa, den USA und anderen Industrieländern eingeführt, erweitert und verschärft werden. Immerhin existieren Einrichtungen wie das CFIUS schon seit fast einem halben Jahrhundert. Zudem sind protektionistische Reaktionen auf ausländische Direktinvestitionen auch nicht unbedingt ein neues Phänomen, sondern waren schon Bestandteil neoliberaler Politiken wie in Margaret Thatchers Großbritannien der 1980er Jahre.[31] Bei genauerer Betrachtung zeigt sich aber, dass die Entwicklung der letzten Jahre keine vernachlässigbare Korrektur allzu liberaler Handels- und Investitionspolitiken darstellt, sondern einen Kurswechsel hin zu einem geoökonomisch agierenden Staat markiert. Sowohl geografisch als auch inhaltlich, sektoral und politisch setzt sich in den meisten Industrieländern die Überzeugung durch, dass neoliberal geprägte Staatsapparate und die entsprechenden Politiken nicht für geoökonomische Zeiten geeignet sind. Die Anpassung ist jedoch komplex und langwierig. Aus der vergleichenden Politikwissenschaft wissen wir, dass ideologische und ideelle Änderungen oft inkrementell, ungleichzeitig und fragmentiert erfolgen.[32] Materielle Gegebenheiten (wie etwa die Handels- und Investitionspolitik) neu auszurichten nimmt Zeit in Anspruch und ist zudem oft umkämpft und bleibt häufig unvollständig. Die Einführung und Entwicklung defensiver geoökonomischer Kapazitäten in Form von Investitionsprüfungsmechanismen ist ein Paradebeispiel dafür.

Wie sich der Wandel Schritt für Schritt vollzieht, lässt sich auch an politischen Diskursen nachvollziehen. Ein wichtiges Beispiel sind die inhaltlichen Verschiebungen, die der Begriff »nationale Sicherheit« im Zuge der Entstehung des geoökonomischen Staates und des Aufkommens von Investitionsprüfungsmechanismen im Speziellen erfahren hat. Seit den frühen 2000er Jahren hatten vor allem der US-amerikanische War on Terror und die auf ihn folgenden globalen Verwerfungen die Interpretation der meisten Staaten und Regierungen geprägt.[33] Durch neue geoökonomische Rivalitäten wird diese zwar nicht verdrängt, das Verständnis nationaler Sicherheit und der daraus folgenden Politiken aber erweitert. Für die Handels- und Investitionspolitik bedeutet das einen geoökonomisch bewussteren, konfrontativen und oft auch protektionistischeren Umgang von Machtblöcken und Staaten mit kritischen Technologien und strategisch wichtigen Gütern und Sektoren.[34] Ein wichtiges Beispiel ist Taiwan, das seine Halbleiterindustrie als »Silicon Shield«, also als industriellen Schutzwall gegen eine Invasion durch die Volksrepublik versteht.[35] Der in dem Inselstaat ansässige Chiphersteller TSMC ist einer der wenigen zentralen Knotenpunkte in der globalen Halbleiterproduktion, vor allem im geoökonomisch wichtigen Premiumsegment, in dem der Konzern einen Marktanteil von schätzungsweise über neunzig Prozent hat.[36] Ein chinesischer Angriff auf Taiwan würde nicht nur für massiven Schaden in der Weltwirtschaft sorgen, sondern wäre insbesondere für die Volksrepublik selbst eine ökonomische Katastrophe.[37] Man kann festhalten: Die Souveränität Taiwans hängt mindestens ebenso von Halbleitern und Mikrochips ab wie von Panzern und Raketen.

Je nach der jeweiligen politischen Ökonomie und Industriestruktur eines Landes gelten unterschiedliche Sektoren als »kritisch« oder »strategisch«. Was sich aber überall verändert, ist das Verständnis von nationaler Sicherheit. An Investitionsprüfungsmechanismen ist dies besonders deutlich zu beobachten. Die gegenwärtigen Debatten über solche protektionistischen Maßnahmen werden nicht mehr vornehmlich industrie- oder entwicklungspolitisch geführt, wie es noch im 20. Jahrhundert der Fall war. Stattdessen dominiert die Formel »nationale Sicherheit«, obwohl selten präzise definiert, die Gesetzestexte und politischen Diskurse rund um Maßnahmen wie Investitionsprüfungen.[38]

All das deutet darauf hin, dass sich der Stellenwert und die Diskursrelevanz nationaler Sicherheit in Debatten um die Globalisierung und die ökonomische Entwicklung in den letzten Jahren massiv verändert hat. Materielle Transformationen wie eine Geoökonomisierung von Handels- und Investitionspolitik spiegeln diese diskursiven Verschiebungen wider und befeuern sie zugleich. Dabei sind die dargestellten Politikinstrumente nicht das Ende, sondern eher der Anfang des Ausbaus defensiver geoökonomischer Staatskapazitäten. So haben die USA im August 2023 im Zuge der sich zuspitzenden Auseinandersetzungen mit China ihr defensives Repertoire um weitreichende Ausfuhrkontrollen erweitert. Das sogenannte *outbound investment screening* zielt darauf ab, US-Exporte von sicherheitsrelevanter Technologie und kritischen Produkten in die Volksrepublik zu kontrollieren und gegebenenfalls zu unterbinden. Betroffen sind vor allem Investitionen in der Mikrochipproduktion sowie Supercomputer.[39] Das durch eine präsidiale Verfügung geschaffene Instrument ist dabei nur der erste Schritt, um einen umfassenden Mechanismus zu etablieren, der auf lange Sicht das Investitionsregime in den USA und darüber hinaus verändern wird. In der EU soll bis Ende 2025 eine Entscheidung der Kommission über die Ausgestaltung eines potenziellen europäischen Mechanismus erfolgen, der an die vorhergehenden protektionistischen Änderungen des europäischen Investitionsregimes anschließt.[40]

Damit sind Ausfuhrkontrollen nicht nur der nächste Schritt im sich verschärfenden Wettlauf um technologische Dominanz zwischen China und den USA, sondern treiben auch die Transformation der geoökonomischen Staatlichkeit in der EU weiter voran.[41] Nach außen (und nicht nur nach innen) gerichtete nationale oder europäische Ausfuhrkontrollen komplettieren die Geoökonomisierung weiter Teile globaler Handels- und Investitionsbeziehungen. Durch die Prüfungen von Inlandsinvestitionen wurde ein wesentliches Element des neoliberalen Staates eingeschränkt. Die bisher kaum regulierten Ausfuhrmöglichkeiten von Kapital und Technologie stellen aus geoökonomischer Sicht aber ebenfalls ein potenzielles Risiko dar. Unregulierter Export wichtiger Assets oder von wichtigem Know-how ist nicht nur durch Inlands-, sondern auch durch Auslandsinvestitionen problemlos möglich. Wenn man die Geoökonomisierung der globalen Wirtschaft also ernst nimmt, ist eine Einschränkung und Versicherheitlichung dieser potenziellen Quellen von Vulnerabilität die logische Konsequenz. Sie erweitern das geoökonomische Instrumentarium von Staaten, um eine nun umfassende Kontrolle über die Ein- und Ausfuhr von Direktinvestitionen zu erlangen. Damit ist zwar nicht der präglobalisierte Nationalstaat des frühen 20. Jahrhunderts wiederhergestellt. Jedoch werden die im Zuge der Globalisierung geschaffenen Interdependenzen schrittweise wieder unter staatliche Kontrolle gebracht.

Neue offensive Kapazitäten: Finanzielle und materielle Aufrüstung

Im Frühjahr 2022 entschieden sich die EU, die USA und weitere Länder, eine Handvoll wichtiger russischer Banken vom internationalen Zahlungsverkehrsdienstleister SWIFT abzuschneiden. Die 1973 gegründete und in Brüssel ansässige Society for Worldwide Interbank Financial Telecommunication übermittelt Informationen zwischen Sendern und Empfängern grenzüberschreitender Zahlungen, die in einer globalen Weltwirtschaft täglich millionenfach getätigt werden. Die meisten, die schon einmal eine Überweisung vorgenommen haben, sind wahrscheinlich mit dem BIC-Code, dem Business Identifier Code, vertraut, der auch als SWIFT-Code bezeichnet wird. Er wird genutzt, um Banken und Finanzinstitute weltweit zu identifizieren. Ein Ausschluss aus diesem System macht einem sanktionierten Akteur folglich einen Großteil (internationaler) Banktransaktionen praktisch unmöglich.[42]

Bei den betroffenen russischen Geldhäusern handelte es sich vornehmlich um staatliche oder staatsnahe Institutionen wie etwa die VTB Bank oder Putins »Hausbank« Bank Rossija, die für die Wirtschaft des Landes systemrelevant sind. Im Laufe des Jahres wurde diese

Sanktionsliste auch auf große Gas- und Ölbanken wie die Sberbank erweitert und somit die Brücke zwischen dem Finanzsektor und der Realwirtschaft geschlagen. Obwohl Sanktionen zum Standardrepertoire außenpolitischer Auseinandersetzungen zählen, sind die gegen Russland verhängten Maßnahmen besonders. Zum einen ist ihre schiere Zahl – Mitte 2023 waren es knapp 13 000 – nach Einschätzungen von Experten rekordverdächtig.[43] Zum anderen wurden die weitreichenden SWIFT-Sanktionen erst gegen insgesamt zwei Länder durchgesetzt, Russland mitgezählt. Bis 2022 war lediglich der Iran betroffen gewesen.[44] Dennoch war der Ausschluss im Wesentlichen bereits im März 2022, also schon kurz nach dem russischen Überfall, beschlossen. Dass man auf gerade diese Maßnahme so schnell zurückgriff, ist ein weiterer Baustein in der Geoökonomisierung von Staatlichkeit, diesmal aber in offensiver Form.

Historisch gesehen sind Sanktionen ein etabliertes Mittel zwischenstaatlicher Auseinandersetzungen. Der Historiker Nicholas Mulder hat sie als eine »Waffe« bezeichnet, die typisch war für die sich entwickelnde liberale Weltordnung im 20. Jahrhundert.[45] Während des Ersten Weltkriegs dienten sie zunächst als kriegsunterstützende Maßnahme, später aber setzten die USA und andere Großmächte sie auch außerhalb kriegerischer Konflikte mit strategischer Absicht ein. Im Zuge der neoliberalen Globalisierung erhielten Sanktionen noch einmal zusätzliche Bedeutung. Transnationale ökonomische Verbindungen zu instrumentalisieren ist indes nicht einfach ein Kennzeichen der Geoökonomisierung – die Anzahl von Sanktionen steigt seit mehreren Jahrzehnten stetig an.[46] Bei näherem Hinsehen ergibt sich jedoch ein differenziertes Bild. Erstens ist die Bedeutung *finanzieller* Sanktionen seit dem Zweiten Weltkrieg signifikant angestiegen. Heute machen sie den größten Teil aller weltweiten Sanktionen aus.[47] Technologischer Fortschritt und die Integration globaler Finanzströme lassen diese Entwicklung logisch erscheinen. Zweitens verändert sich auch die Art finanzieller Sanktionen, wobei dieser Wandel in den letzten Jahren stattgefunden hat. Früher kamen meist »klassische« finanzielle Instrumente wie das sogenannte Asset-Freezing oder die Einschränkung ausländischer Direktinvestitionen zum Einsatz, so etwa von Seiten der USA gegen Nordkorea in den 1950er oder gegen Chile unter dem demokratischen Sozialisten Salvador Allende in den 1970er Jahren.[48] Asset-Freezing wird auch heute noch eingesetzt, wenn beispielsweise britische und amerikanische Banken dazu angehalten werden, die im Ausland geparkten Vermögen russischer Oligarchen »einzufrieren«. »Neuere« finanzielle Instrumente nutzen indes den Umstand, dass die Weltwirtschaft extrem verflochten ist und über (wenige) zentrale Netzwerke funktioniert. SWIFT besitzt effektiv ein globales Monopol über wichtige Aspekte des Informationsaustauschs zwischen Banken. Ein Ausschluss ist daher ein besonders probates Mittel, um maximalen finanziellen (und letztendlich wirtschaftlichen) Schaden zuzufügen. So bezeichnete Friedrich Merz diesen Schritt als »Atombombe für die Kapitalmärkte«.[49] Auch Andrej Kostin, Chef der VTB-Bank, sprach von einer »finanzielle[n] Atombombe«. Der frühere russische Ministerpräsident Dmitrij Medwedjew warnte noch vor dem Einmarsch russischer Truppen in die Ukraine, ein Ausschluss käme einer »Kriegserklärung« gleich.[50]

Der geoökonomische Staat kann SWIFT aus zwei Gründen für Sanktionszwecke instrumentalisieren. Zum einen ist die enorme Verdichtung finanzieller Transaktionen und des dafür notwendigen Informationsaustauschs in einem zentralen Netzwerk praktisch, um möglichst alle grenzüberschreitenden Bankverbindungen zu kappen, anstatt wie beim Asset-Freezing nur einzelne Vermögenswerte zu belangen. Zum anderen müssen Staaten wie die USA dazu bereit sein, Staatsmacht und Staatsapparate darauf auszurichten, solche »neutralen« Netzwerke der Globalisierung für nationale Interessen zu instrumentalisieren. Die erste Runde der SWIFT-Sanktionen gegen den Iran 2012 wird oft mit dem gemeinsamen Druck der US-Regierung und der EU auf die Organisation – etwa durch die Androhung von Sanktionen gegen SWIFT selbst – erklärt.[51] Die zweite Runde dieser Sanktionen, ab 2018, geht dann auf das Konto amerikanischen Drucks, diesmal aber in Opposition zur EU. Auf rechtlichem oder formellem Weg können die Amerikaner die in Belgien beheimatete Institution indes kaum zu etwas zwingen. Noch 2004 scheiterten z. B. US-Pläne, die Regierung in Myanmar über SWIFT zu sanktionieren, an genau diesen fehlenden »offiziellen« Möglichkeiten zur Durchsetzung eigener Interessen.[52]

Der SWIFT-Ausschluss (und ähnliche infrastrukturelle Sanktionen) bringt eine neue Qualität in die Geoökonomisierung der globalen Wirtschaft. Derartige Maßnahmen zielen nicht auf »geparkte« Vermögenswerte oder Investitionen in den sanktionierenden Ländern, sondern direkt auf die Infrastrukturen neoliberaler Globalisierung. Sie können die Operationsfähigkeit ganzer Finanzsysteme außer Kraft setzen. Vermögenswerte einzufrieren, mag für einzelne Unternehmen oder Personen problematisch sein, stellt aber selten einen systemweiten Zugriff dar. Die Nutzung solcher Kanäle in Form neuer, offensiver Staatskapazitäten folgt wiederum den bekannten Mustern der Geoökonomisierung von Staatsmacht. Erstens werden globale Infrastrukturen wie SWIFT nicht länger als ein neutrales Ergebnis von Globalisierung bewertet, sondern offensiv als potenzielle Instrumente für Einflussnahme und (internationale) Politikgestaltung begriffen. Die Diskussion um den Zahlungsverkehrsdienstleister und die Politisierung eines technischen Aspekts globaler Finanzströme ist selbst ein Resultat des geoökonomischen Zugriffs von Staaten auf diese Infrastruktur. Ohne die offensive Nutzbarmachung durch die USA oder die EU wäre SWIFT bis heute wahrscheinlich ein technisches Nischenphänomen geblieben, das höchstens das Interesse von Finanzexperten weckt.

Zweitens ist auch die Verfügbarmachung von Infrastrukturen nicht allen Ländern gleichermaßen zugänglich. Anders als kleinere Staaten können die USA oder auch Wirtschaftsräume wie die EU entweder ihre zentrale Stellung in wichtigen Netzwerken oder politischen Einfluss nutzen, um Macht innerhalb dieser Infrastrukturen auszuüben. Und wie die Fähigkeit zu so einem Handeln sind auch dessen Auswirkungen ungleich verteilt, da eher größere und potenziell autarke Volkswirtschaften wie die russische besser mit den Folgen eines SWIFT-Ausschlusses zurechtkommen[53] als beispielsweise die nach Jahren finanzieller und auch materieller Sanktionen stark gebeutelte iranische. *Vor* der geoökonomischen Nutzung im Sinne offensiver Staatskapazitäten war SWIFT ein klassisches Instrument neoliberaler Globalisierung. Tausende globale Banken und andere Finanzinstitutionen hatten sich zusammengeschlossen, um grenzüberschreitende Finanztransaktionen schneller, günstiger und rationaler zu organisieren. SWIFT war ein relativ frei zugängliches Win-win-Projekt für alle Beteiligten. Durch die Geoökonomisierung von Staatlichkeit und die Instrumentalisierung solcher Netzwerke wird mit dieser »Gleichheit« gebrochen. Die Folge ist eine Hierarchisierung globaler ökonomischer Zusammenhänge zum Zweck der Durchsetzung nationaler Interessen.

Wie der Ausschluss Russlands aus dem SWIFT-System zeigt, gehen finanzielle offensive Instrumente des geoökonomischen Staates immer auch mit materiellen Aspekten einher. Neben dem Versuch, die Machtelite um Wladimir Putin zu treffen, zielen viele Sanktionen auch auf die finanzielle Basis der russischen Petroindustrie ab. Die Sanktionierung der Sberbank beispielsweise ergibt sich aus der Rolle des Geldhauses als wichtigem Finanzier staatlicher Öl- und Gasunternehmen und erfolgte erst, *nachdem* die EU sich entschieden hatte, russische Ölimporte bis Ende 2022 herunterzufahren. Die Sberbank war von der ersten Runde finanzieller Sanktionen nicht betroffen gewesen, da die Grundsatzfrage der Entkopplung der EU von russischer Energie noch nicht entschieden war. Ihr Ausschluss aus dem SWIFT-System wurde dann nachträglich im Sommer 2022 vollzogen.

Auch über den Ukrainekrieg hinaus wird deutlich, dass finanzielle und materielle geoökonomische Instrumente miteinander verwoben sind. Ein Beispiel hierfür ist die außenwirtschaftliche Strategie chinesischer Investoren, die in der Vergangenheit in Europa und der Welt relevante Unternehmen aufkauften. Neben Staatsunternehmen sind es oft Finanzakteure, die Unternehmensakquisitionen oder Investitionen in Infrastrukturen im Ausland unterstützen. Die »materielle« geoökonomische Strategie chinesischer (Staats-)Unternehmen, beispielsweise der Erwerb von industriellem Know-how, wird also mit finanziellen Instrumenten wie staatsnahen Investitionsfonds ermöglicht.

Besonders deutlich wird dies an der starken Präsenz chinesischer Infrastrukturunternehmen in Westbalkanländern wie Kroatien, Serbien oder Bosnien. Dort arbeiten staatliche Bauunternehmen, Banken und Staatsfonds, chinesische Ministerien sowie Privatakteure zusammen, um wichtige Projekte an Land zu ziehen, die Entwicklungs- und außenpolitischen Zwecken zugleich dienen.[54] Groß angelegte Infrastrukturvorhaben wie etwa die geplante Bahnstrecke zwischen Budapest und Belgrad wären undenkbar, wenn nicht parallel »finanzielle Infrastrukturen« entwickelt würden.[55] So werden 85 Prozent der Baukosten für dieses Megaprojekt durch Kredite der chinesischen Export-Import Bank an Ungarn (beinahe zwei Milliarden Euro) und Serbien (etwas über einer Milliarde Euro) gedeckt.[56] Die Export-Import Bank ist eine von drei großen Entwicklungsbanken in der Volksrepublik und wird direkt von der Staatsführung verwaltet. Sie ist jedoch nicht auf eine Rolle als ausschließlich geopolitisches Instrument der Kommunistischen Partei reduzierbar, sondern arbeitet relativ autonom, aber im Tandem mit anderen Staatsunternehmen zusammen, um geoökonomische Ziele zu realisieren.[57]

Eines dieser Vorhaben ist der Ausbau der vielen transnationalen Infrastrukturprojekte der Belt and Road Initiative (BRI), der Neuen Seidenstraße, dessen größte Investition in Europa bisher die Bahnstrecke Budapest-Belgrad ist. Die Geoökonomisierung solcher Infrastrukturprojekte kann nicht zuletzt daran abgelesen werden, dass chinesische Staatsunternehmen wie die China Railway International Corporation (ein Tochterunternehmen des Infrastrukturriesen China Railway Group) direkt an der Konstruktion der Strecke beteiligt werden. Darüber hinaus sind auch russische Staatskredite und das staatliche Eisenbahnunternehmen RŽD federführend beim Bau eines Teils der Strecke.[58]

Die Europäische Union reagierte 2023 auf diesen Einsatz geoökonomischer Ressourcen mit dem bisher größten EU-Projekt in Serbien, dem über zwei Milliarden Euro teuren Ausbau der Bahnstrecke Belgrad-Niš, die direkt an die Verbindung Budapest-Belgrad anschließt.[59] Auch hier ist eine »staatliche« Entwicklungsbank an der Finanzierung beteiligt: die Europäische Investitionsbank. Der für seine China- und Russland-Nähe bekannte serbische Präsident Aleksandar Vučić frohlockte daraufhin, dass sich an ebenjener Bahnstrecke seit dem ursprünglichen Bau vor 130 Jahren zwar nicht viel geändert hätte, doch »nun verändern wir Serbien, mit Hilfe der Europäischen Union«.[60]

Die zentrale Bedeutung globaler Interdependenzen für den geoökonomischen Staat und die Entwicklung offensiver Instrumente wird auch am Widerstand gegen die Instrumentalisierung von Netzwerken wie SWIFT deutlich. Als Antwort auf die amerikanische (und in Verlängerung auch europäische) Instrumentalisierung des Zahlungsverkehrsdienstleisters versuchen Länder wie China oder Russland bereits seit einiger Zeit, alternative Zahlungs- und Informationssysteme zu entwickeln.[61] Die Kernidee ähnelt den Versuchen, wichtige Finanzströme, wie etwa beim internationalen Ölhandel, aus der Dominanz des US-Dollars zu lösen. Bisher erprobte Alternativen wie das chinesische Cross-border Interbank Payments System (gestartet 2015) oder russische Initiativen (vor und nach dem Überfall auf die Ukraine) waren aber bislang wenig erfolgreich. Ihnen gemeinsam ist, dass sie Interdependenzen nicht zurückbauen, sondern lediglich deren Kontrolle anders organisieren wollen. Statt der Instrumentalisierung von Organisationen wie SWIFT durch westliche Mächte ausgeliefert zu sein, versuchen Länder wie die Volksrepublik selbst ein Stück Kontrolle über globale Interdependenzen zu gewinnen.

An der Geoökonomisierung der globalen Ordnung und von Staatlichkeit ändern alternative Zahlungssysteme natürlich nichts. Vielmehr ist der Wunsch nach Kontrolle und Macht über Infrastrukturen eher ein Ausdruck des sich momentan vollziehenden tiefen Wandels der Weltwirtschaft und der ihr zugrunde liegenden Ordnungsprinzipien. An dieser Stelle mag ein Gedankenexperiment hilfreich sein: Man stelle sich vor, China hätte 2001 die Gründung einer neuen Institution zur Regelung internationaler Handelsbeziehungen vorgeschlagen, statt der WTO beizutreten. Was Anfang des Jahrhunderts noch undenkbar gewesen wäre, ist in der geoökonomischen Welt von heute fast schon zur Selbstverständlichkeit geworden. Im Zuge der geoökonomischen Staatstransformation ist der freiwillige Eintritt von Ländern wie China in US-dominierte oder »westliche« Institutionen zu einem historischen Artefakt geworden. Diese postneoliberale Logik von Staatshandeln spiegelt sich auch in zentralen Politikbereichen wider, in denen es weniger um globale Rivalitäten, sondern um klassische Problembearbeitung oder Governance geht. Die Klimapolitik ist ein solcher zentraler Politikbereich.

Klimawandel und Staatshandeln

Gegen Ende von Angela Merkels 16-jähriger Amtszeit spielte der Klimawandel eine wichtige Rolle für die Bundeskanzlerin. In Reden vor dem Parlament, Interviews und Konferenzbeiträgen hob sie die verpassten Chancen sowie die Dringlichkeit des Themas ungewohnt offen hervor.[62] Dies stand im starken Kontrast zu ihren vorhergehenden Amtsjahren, in denen der Klimaschutz spätestens seit der Finanzkrise ab 2008 zum Nebenschauplatz deutscher Politik herabgestuft worden war. Merkel hatte zwar früh das Image der »Klimakanzlerin« angehangen. Der Beginn ihrer Amtszeit war von Bemühungen geprägt gewesen, durch nationalen Ausgleich und internationale Verhandlungen – inklusive demonstrativer Foto-PR vor schmelzenden grönländischen Eisbergen – eine Begrenzung der Erderwärmung zu erreichen.[63] Ungeachtet dieses frühen und dann wiederum späten Engagements fiel das umweltpolitische Fazit der Ära Merkel sehr negativ aus und wurde außerhalb Deutschlands sogar als »Versagen« bewertet.[64]

Die praktischen Gründe für dieses Scheitern trotz langjähriger, teils unangefochtener Kanzlerschaft sind komplex und reichen von der heimischen opponierenden Automobilindustrie bis hin zu globalen Ereignissen wie der Wirtschafts- und Eurokrise, Migrationsbewegungen oder der Covid-19-Pandemie. Ein weiterer wichtiger Grund für eine ineffektive Klimapolitik war der neoliberale Staat. Innenpolitisch hatten seit den 1990er Jahren aufeinanderfolgende Bundesregierungen marktkonforme Schritte hin zu grünem Strom ermöglicht (etwa durch das im Jahr 2000 in Kraft getretene Erneuerbare-Energien-Gesetz, EEG), wohingegen Kernelemente des deutschen Wettbewerbsstaates wie die Förderung der Automobilindustrie weitestgehend verschont geblieben waren.[65] Die eigentümliche Aufteilung der ökologischen Transformation in Energie-, Mobilitäts-, Heizungs- und weitere »Wenden« spiegelt auch die Zerfaserung staatlicher Klimapolitik in den letzten Jahrzehnten wider. Die existenzielle Bedrohung durch die fortschreitende Erderwärmung sollte effektives und schnelles staatliches Handeln zur Folge haben. Doch stattdessen bildeten sich in Deutschland und darüber hinaus marktkonforme und ineffektive Staatsapparate heraus, die kaum gerüstet sind für die Jahrhundertherausforderung.[66] Im neoliberalen Zeitalter beraubte sich der regulatorische Staat seiner eigenen Leistungsfähigkeit.

Diese Selbstbeschneidung ist ein wichtiger Grund für die gegenwärtigen (internationalen) Rufe nach einem industriepolitischen und ergebnisorientierten *big green state*.[67] Die Grundidee dabei ist ein makroökonomischer Paradigmenwechsel, der die Bekämpfung der Klimakrise als gesamtstaatliche Kernaufgabe finanziell und wirtschaftspolitisch ernst nimmt. In Teilen wird diese Forderung auch bereits umgesetzt, wie das groß angelegte grüne Industrieförderprogramm IRA in den USA oder der atemberaubende, gelenkte Ausbau erneuerbarer Energien in China andeuten. Die diskursive Entwicklung vom passiven, kleinteilig und klimapolitisch ineffektiv arbeitenden zu einem zupackenden und industriepolitisch machtbewussten »grünen« Staat ist, so meine Einschätzung, auch eine Folge der Geoökonomisierung von Staatsmacht. Die klimapolitische Bilanz der Ära Merkel steht stellvertretend für die begrenzten Möglichkeiten des neoliberalen Staates, über Marktmechanismen hinaus bedeutende Durchbrüche im Klimaschutz zu erzielen. Der geoökonomische Staat wiederum überwindet diese politökonomische Engführung, stößt aber auf andere Probleme und neue Grenzen der Machbarkeit von effektiver Klimapolitik.

Die zentrale Denkfigur in der politökonomischen Klimaforschung stellte seit den 1990er Jahren der sogenannte »Umweltstaat« oder »grüne Staat« (*environmental state* oder *green state*) dar. Forscherinnen und Forscher wie Robyn Eckersley, Arthur Mol oder James Meadowcroft loteten unter diesem Konzept sowohl die normativen als auch die realen Möglichkeiten, Errungenschaften sowie Probleme staatlicher Umweltpolitik aus.[68] Eine einheitliche Definition hat sich dabei nicht durchgesetzt. Einem naheliegenden Ansatz zufolge stellt der Umweltstaat das erwünschte Ziel postneoliberaler Staatlichkeit dar, welche die planetaren Grenzen achtet. Er kann aber auch als real existierende Staatsform gesehen werden, die manchmal besser und manchmal weniger gut ausgeprägt ist im Hinblick auf bestehende Umweltschutzpolitiken.[69]

In normativer Hinsicht wird der Umweltstaat oft als Gegenentwurf zum neoliberalen Staat gesehen, der die ökologische Krise perpetuiert, statt ihr politisch entgegenzuwirken.[70] Tatsächlich entwickelten sich die Kerninhalte des Umweltstaates und deren Umsetzung aber während der neoliberalen Globalisierung. Das deutsche EEG etwa gilt bis heute als Meilenstein in der Klimapolitik. Der wichtige, wenn auch nicht unproblematische europäische Emissionshandel (Emissions Trading System, ETS) wurde im Jahre 2005 eingeführt, also während der Hochphase neoliberaler Globalisierung. Nicht zuletzt entwickelten Länder wie China, Deutschland oder die USA in den 1990er und 2000er Jahren zentrale Teile ihrer Solar- und Windindustrien durch »klassische« industriepolitische Instrumente und legten somit den Grundstein für die heutigen Skalierungsmöglichkeiten insbesondere in der Solarindustrie.[71] Gemeinsam war diesen Ansätzen, dass sie Klimapolitik unter den Bedingungen neoliberaler Staatlichkeit zu betreiben versuchten. Sie waren marktorientiert, wahrten aber jeweils ihre Distanz zum Marktgeschehen. Das EEG etwa ist eine durchweg ordnungspolitische Maßnahme, beim ETS handelt es sich eher um ein Anreizsystem für Marktteilnehmer. Die Versuche einer »grünen« Industriepolitik in der Solar- und Windindustrie waren hingegen interventionistischer Natur.

In der Forschung zum Umweltstaat werden diese unterschiedlichen Rollen, die der Staat spielen kann, unter dem Begriff der »Umweltgovernance« zusammengefasst.[72] Umweltgovernance wird durch verschiedene Grade der Distanz zu Märkten geprägt. Staaten sind zwar Regulatoren, Anreizgeber oder auch Marktgestalter, aber sie greifen selten aktiv in das Marktgeschehen ein. Die empirische Realität des Umweltstaates wurde lange Zeit von den Grenzen und der Logik neoliberaler Globalisierung bestimmt. Staaten konnten Anreize setzen oder ordnungspolitisch wirken, um den Klimawandel zu beeinflussen. Interventionen in das Marktgeschehen überstiegen aber die ideellen und materiellen Möglichkeiten des neoliberal begrenzten Umweltstaates.

Ein Blick auf die Bilanz großer Industrieländer während der neoliberalen Globalisierung stützt diese Einschätzung. Trotz jährlich stattfindender internationaler Umweltkonferenzen sowie nationaler klimapolitischer Durchbrüche ging etwa der Ausstoß von Treibhausgasen nicht im erforderlichen Maße zurück. Zwar stagnierten die weltweiten CO_2-Emissionen erstmals in der Dekade von 2010 bis 2020 bei jährlich ca. 35 Milliarden Tonnen. Doch das wird nicht reichen, um die Erderwärmung auf 1,5 Grad im Vergleich zum vorindustriellen Zeitalter zu begrenzen, wie es der Intergovernmental Panel on Climate Change (IPCC) dringend empfiehlt: Eine Reduktion von 25 Prozent dieses jährlichen Ausstoßes in der letzten Dekade wäre notwendig gewesen.

Ökonomische Indikatoren deuten in eine ähnliche Richtung. So konnten zwar seit 2010 mehrere Milliarden US-Dollar für »grüne« Vorhaben mobilisiert werden, auch durch die Aktivierung privater Firmen und Investoren. Nationalstaaten und staatliche Entwicklungsinstitutionen spielen dabei eine entscheidende Rolle, etwa durch sogenanntes »De-Risking«.[73] Dabei werden private Anleger durch Sicherheitsgarantien und finanzielle Anreize dazu gebracht, sich an der (lukrativen) Finanzierung nachhaltiger Entwicklungsprojekte zu beteiligen. Allerdings steht dem beachtlichen Wachstum von beispielsweise nachhaltigen Anleihen zu einer Milliardenindustrie im Globalen Norden eine finanzielle »Dürre« im Globalen Süden gegenüber.[74] Der IPCC schätzt, dass die heutigen Finanzvolumina um den Faktor drei bis sechs multipliziert werden müssen, um die 1,5-Grad-Grenze einzuhalten.[75] Nicht weniger als 100 Milliarden US-Dollar jährlich sollten als Mindestbetrag mobilisiert werden. De facto wäre das aber immer noch viel zu wenig für eine tiefgreifende Klimatransformation. Die marktgetriebene Logik des neoliberal eingegrenzten Umweltstaates hat es demnach nicht geschafft, die objektiv notwendigen und zwischenstaatlich vereinbarten Minimal-Klimaziele durch Instrumente zur Marktsteuerung wie Emissionshandel und »De-Risking« zu erreichen.

Diese Begrenzung von Staatshandeln wird durch die Geoökonomisierung mehr und mehr aufgebrochen. Xi Jinping hat 2020 die Dekarbonisierung der chinesischen Wirtschaft bis 2060 zu einem strategischen Ziel erklärt. In der Folge verzeichneten die Industrien für erneuerbare Energien in der Volksrepublik ein unverhofftes Rekordwachstum. Allein im Jahr 2023 installierte China mehr Solarkapazität als die USA in ihrer gesamten Geschichte, und die für 2030 gesteckten Kapazitätsziele von 1200 Gigawatt werden voraussichtlich schon Mitte dieses Jahrzehnts erreicht.[76] Nach Schätzungen der Internationalen Energieagentur werden sechzig Prozent der von heute bis zum Jahr 2030 weltweit installierten Kapazitäten für erneuerbare Energie aus der Volksrepublik stammen.[77] Doch die Klimapolitik befindet sich nicht nur in staatsautoritären Systemen mitten in einer geoökonomischen Zeitenwende. Der US-amerikanische Inflation Reduction Act, wie mit Abstrichen auch der European Green Deal, sind neue Klimaprogramme, die unter anderem milliardenschwere Staatsinvestitionen in die Energie- und Mobilitätswende vorsehen. Sie entstehen zwar nicht in Opposition zum Umweltstaat, erweitern dessen Instrumentarium aber entscheidend. Die nicht gedeckelten Milliardensubventionen für grüne Technologieentwicklung, die der IRA anbietet, markierten eine Abkehr der Klimapolitik von künftigen, vagen Zielvorgaben hin zu massiven Investitionen im Hier und Jetzt.

Der transformierte Umweltstaat entspricht zugleich auch der Logik geoökonomischer Konkurrenz. Investitionen in neue, grüne Technologien und Energiegewinnung sind ein Kernelement in der globalen Auseinandersetzung um relative Vorteile in einer dekarbonisierten Weltwirtschaft. Die *Financial Times* spricht gar von einem Kampf um »grüne Vorherrschaft«.[78] Die geoökonomische »Triade«-Konkurrenz zwischen den USA, China und Europa dreht sich spätestens seit dem IRA um die Themen Umweltsubventionen, Wettlauf um grüne Technologien und den Aufbau regionaler, resilienter und grüner Wertschöpfungsketten.[79] Das stellt eine klare, geoökonomisch geprägte Abkehr vom neoliberalen Konsensus der 1990er und 2000er Jahre dar, dem zufolge Klimaschutz und Emissionsreduktion hauptsächlich durch transnationale wirtschaftliche Verflechtung und Marktkonformität gelingen kann.[80]

Diese Konkurrenzsituation verdeutlicht eine wichtige Seite des geoökonomisch gewendeten Umweltstaates, nämlich dessen verändertes Risikoprofil. Der neoliberale Umweltstaat setzte auf marktgetriebene und kollaborative Formen von technologischem Fortschritt und den daraus erhofften Emissionsreduktionen. Der Umweltstaat war hier eher Zaungast im Spiel der (»grünen«) Marktkräfte. Diese Vision von wirtschaftlicher

Verflechtung zur Beförderung des Klimaschutzes wird durch den geoökonomischen Staat aufgebrochen. Der heutige Umweltstaat entzieht blinder Integration die Grundlage, da (nachhaltige oder grüne) Wertschöpfungsketten und andere Verflechtungsformen nun eher als Sicherheitsrisiko denn als wirtschaftliche (und klimapolitische) Chance gesehen werden. Eine tiefere Integration in die Weltwirtschaft wird von Peking bis nach Washington, Berlin, Moskau und Brüssel gegenwärtig unter stark sicherheits- und allianzpolitischen Gesichtspunkten selektiv vorangetrieben. Entflechtung und Desintegration spielen auch eine zentrale Rolle, denkt man etwa an die Beendigung der russischen Gaslieferungen an viele europäische Länder in der Folge des Ukrainekrieges 2022.

In solch einer geoökonomischen Welt ist es unumgänglich, dass potenziell wichtige und ökonomisch sinnvolle Verflechtungen, der Austausch von Wissen in Forschung und Entwicklung, Arbeitsteilung und andere Komplementaritäten eingeschränkt werden, selektiv erfolgen oder gar nicht erst entstehen können. Die daraus folgenden Kosten dürften im Hinblick auf die Klimakrise immens sein. In einer Studie zur globalen Wind- und Solarindustrie beschreibt der Politökonom Jonas Nahm, wie abhängig deren Entwicklung in den 2010er Jahren von globalisierter Arbeitsteilung und »kollaborativen Vorteilen« zwischen den USA, Deutschland und China war.[81] Eine heimische, autarke Industrieentwicklung wäre entweder extrem kostspielig oder schlicht unmöglich gewesen. Wenn nun die Kosten- und Innovationsvorteile, die sich durch verschiedene Standorte in zahlreichen Ländern und Industrien ergeben, ausgeglichen werden müssen, um die Entwicklung und Skalierung neuer Technologien voranzutreiben, stellt das eine kolossale finanzielle Belastung dar. Geoökonomisch inspirierte Programme wie der IRA dürfen als solche industriepolitische Versuche gelten, sind aber nur begrenzt skalierbar und übertragbar. In den nationalen politischen Arenen stoßen groß angelegte Subventions- und Investitionsprogramme auf politischen Widerstand (und unterliegen politischer Volatilität). Tatsächlich besitzt ja auch überhaupt nur eine Handvoll Staaten und Organisationen die finanziellen Ressourcen für derart ehrgeizige Projekte. In dieser Hinsicht ist der neue Umweltstaat wahrhaft geoökonomisch.

Die neuen Friktionen und Kosten in der Klimapolitik stellen ein ernst zu nehmendes Risiko für den geoökonomischen Umweltstaat dar. Eine keynesianisch inspirierte »grüne« Industriepolitik könnte an ihren eigenen Ambitionen scheitern und den Weg für einen protektionistischen, nach innen gerichteten wirtschaftlichen Nationalismus freimachen – sozusagen die dunkle Seite einer postneoliberalen Industrie- und Wirtschaftspolitik. Die Wiederwahl Donald Trumps 2024 hat genau das zu einer realen Gefahr werden lassen. Für die Fortsetzung von Programmen wie dem IRA verheißt sie nichts Gutes.

Die beiden Merkmale des geoökonomischen Staates

lassen sich auch hier wieder identifizieren. Das erste Moment, nämlich (wirtschafts-)politische Proaktivität, zeigt sich im veränderten klimapolitischen Ansatz vieler Industrieländer. Dieser wird nicht nur durch groß angelegte Investitions- und Industrieförderprogramme, sondern auch durch stärkere Politisierung von Klimapolitik und dessen Verschränkung mit sicherheitspolitischen Fragen geformt. Globale wirtschaftliche Ver- und Entflechtung, etwa in Energiefragen, wird zunehmend sicherheitspolitisch überlagert und somit in die Hände politischer Entscheidungsgewalt gerückt. Der Entschluss der Bundesregierung etwa, die Abhängigkeit von Russlands Gaslieferung zu beenden und stattdessen neue Verflechtungen mit Norwegen, den USA oder Algerien und Katar einzugehen, verdeutlicht dies. Energiepolitik wird längst nicht mehr als Ergebnis marktgetriebener Entwicklungen und ordnungspolitischer Rahmensetzung verstanden, sondern als strategisches Kernthema innerhalb der sicherheits- und klimapolitischen Verfügungsgewalt von Staaten in einer geoökonomischen Welt.

Die Möglichkeiten einiger Länder, große Summen Kapital für industriepolitische Vorhaben zu mobilisieren, verdeutlichen das zweite Moment geoökonomischer Staatlichkeit, nämlich Kapazitätsungleichheiten. Ehrgeizige Umweltprogramme, Industriepläne oder Dekarbonisierungspfade, die sich aus staatlichem Handeln und öffentlichen Investitionen speisen, sind nicht überall realisierbar. In einer (idealen) globalisierten Welt der grünen industriepolitischen Arbeitsteilung könnten Staaten und Unternehmen je eigene Anpassungsstrategien entwickeln und sich an verschiedenen Stellen von Lieferketten und Industrieentwicklung »einklinken«. In einer geoökonomischen Welt, die vermehrt auf Staatshandeln und -interventionismus setzt, ist eine solche strategische Offenheit an vielen Stellen eingeschränkt. Die finanzielle und politische Kapazitätsungleichheit zwischen Ländern wird dadurch sowohl verdeutlicht als auch verschärft. Für diejenigen mit kleineren Spielräumen wird eine strategische Unterordnung unter Regional- oder Weltmächte wahrscheinlicher und die Hierarchisierung von Weltpolitik nach Jahrzehnten neoliberaler Globalisierung wieder verschärft. Die mit geoökonomischen Fragen stark verschränkte Klimapolitik bildet dabei keine Ausnahme, sondern ein konkretes Fallbeispiel.

Trotz dieser unübersehbaren Entwicklung weg vom neoliberal eingegrenzten grünen Staat ist der geoökonomische Umweltstaat noch nicht auf globaler Ebene wirkmächtig. Teile hiervon, wie etwa eine nachhaltige Industriestrategie und die entsprechenden staatlichen Investitionen, sind zwar mittlerweile politisch durchsetzbar.[82] Dennoch stellt das Erbe neoliberaler Umweltgovernance nicht nur ideelle, sondern auch materielle Hürden für die Durchsetzung einer neuen, staatszentrierten Klimapolitik dar. Ein augenfälliges Beispiel ist die Entscheidung des Bundesverfassungsgerichts im November 2023, Teile der Investitionen in den deutschen Klima- und Transformationsfonds (KTF) mit Verweis auf die im Grundgesetz verankerte Schuldenbremse für verfassungswidrig zu erklären. Der KTF ist ein wichtiges Instrument des »neuen« klimapolitischen Staates, der aktiv in Industrieentwicklung und Dekarbonisierung von Wirtschaft und Gesellschaft investiert. Die vorläufige Beschneidung dieses wichtigen Instruments durch eine Regelung aus dem Jahr 2009 zeigt die materielle Kraft und das Erbe neoliberaler Staatlichkeit. Die Selbstbeschränkung politischen Handelns durch die Aufnahme der Schuldenbremse in das Grundgesetz unter einem sozialdemokratischen Finanzminister spiegelt die politische Logik jener Zeit wider. Inmitten einer Klimakrise, die jahrzehntelang durch marktgetriebene und politisch ausgelagerte Klimapolitik eher akzeleriert als effektiv bekämpft wurde, erscheint die Schuldenbremse wie aus der Zeit gefallen und doch besonders wirkmächtig. Heutige Klimapolitik wird, selbst in einer Phase der Geoökonomisierung von Staatshandeln, von vergangenen Strukturen und Ideen eingeholt und bestimmt und ist daher nicht als das komplette Gegenteil neoliberaler Umweltgovernance zu sehen.

Dies gilt, in Erweiterung, für geoökonomische Staatlichkeit in all ihren Facetten wie in diesem Kapitel beschrieben. Sie ist immer nur als Prozess, im Widerstreit mit der Vergangenheit und in Auseinandersetzung mit der Gegenwart zu begreifen. Sie bleibt daher auch noch stets fragmentiert und unvollkommen – ein zentraler Punkt, um die richtigen politischen und analytischen Schlüsse aus dem Aufkommen einer geoökonomischen Ordnung zu ziehen. Das folgende Kapitel setzt mit diesem Gedanken am anderen Teil der globalen politischen Ökonomie an, nämlich der Wirtschaft. Wenn Staatlichkeit sich in einer geoökonomischen Ordnung maßgeblich verändert, wie wirken sich diese Strukturveränderungen auf ökonomische Zusammenhänge aus?

3
Wirtschaft

Vom globalen Marktplatz zur neuen Fragmentierung

In ökonomischer Hinsicht bedeutet Globalisierung die Zunahme transnationaler wirtschaftlicher Verbindungen, etwa durch Handel oder ausländische Direktinvestitionen.[1] In den 1990er Jahren gewannen daher Vorstellungen von der Weltwirtschaft als einer Ansammlung zusammenhängender »globaler Marktplätze« an Prominenz. Diese würden immer weniger entlang von Staatsgrenzen und dafür mehr und mehr grenzüberschreitend organisiert werden. Die einsetzende Geoökonomisierung hat nun eine *Fragmentierung* zur Folge, und zwar nicht vertikal – also entlang von Lieferketten –, sondern horizontal – also entlang politökonomischer Konfliktlinien und regionaler Spezialisierung. Nicht indem transnationale Verbindungen gekappt werden, wird die Globalisierung zurückgedreht, sondern indem die Wirtschaft in verschiedene, manchmal sich überlappende Segmente fragmentiert wird. Prominente Diagnosen wie »Deglobalisierung« gehen von einem Rückgang vertikaler Verflechtung aus, etwa durch die Renationalisierung von Lieferketten und Investitionen sowie die Einführung protektionistischer Instrumente. Doch viele geoökonomisch inspirierte Vorhaben bauen geradezu auf der Fortführung und der Vertiefung *bestimmter* vertikaler Verflechtungen auf.

Ein wichtiges Beispiel ist der amerikanische Inflation Reduction Act. Investitionen und Produktionskapazitäten anzuwerben, ist ein wesentlichen Bestandteil des IRA, insbesondere aus Regionen, mit denen die Vereinigten Staaten Freihandelsabkommen geschlossen haben. Dadurch sollen wirtschaftliche Verbindungen zu traditionellen und neuen Handelspartnern der USA vertieft werden.[2] Das heizt zwar den strategischen Wettbewerb mit Partnern wie der EU in bestimmten Sektoren an – jedoch nicht ausschließlich über protektionistische Maßnahmen. Gleichzeitig zu dieser vertikalen Vertiefung erfolgt die horizontale Fragmentierung. Instrumente wie die mittlerweile florierenden Investitionsprüfungsmechanismen funktionieren auf der Basis wichtiger Unterscheidungen, etwa zwischen staatlichen und privaten Investitionen. Dadurch erschweren sie ausgewählten Akteuren – im Falle der EU besonders China – den Marktzugang und treiben die horizontale Aufteilung der Weltwirtschaft in Einflusssphären oder (permeable) Segmente voran.

In einer Reihe von Publikationen hat der Internationale Währungsfonds das Konzept der »geoökonomischen Fragmentierung« entwickelt.[3] Die Definition lautet recht umfassend: die »politisch herbeigeführte Umkehrung internationaler wirtschaftlicher Integration«.[4] Die empirischen Befunde des IWF und anderer Quellen deuten indes vor allem auf horizontale Fragmentierung hin. Allerdings muss man hier nach Sektoren differenzieren. Energie und die verarbeitende Industrie sind mehr von potenziellen Rivalitäten betroffen als etwa Dienstleistungen. Die russischen Gaslieferungen nach Europa sind beispielsweise seit dem Überfall auf die Ukraine auf ein historisches Tief gefallen. Im Gegenzug fließen kaum noch Direktinvestitionen nach Russland (wenn, dann meistens über Drittländer).

Auch eine verstärkte Regionalisierung von Lieferketten scheint für vertikale Vertiefung zu sprechen. Den höheren Hürden für Investitionen in die EU aus Ländern wie China oder den gestiegenen Einfuhrzöllen für chinesische Produkte in den USA steht die Schaffung der größten Freihandelszone der Welt in Südostasien gegenüber. 2022 trat das Regional Comprehensive Economic Partnership (RCEP) in Kraft, dem sich neben der Volksrepublik Australien, Indonesien, Japan, Südkorea, Neuseeland, die Philippinen, Vietnam und andere angeschlossen haben. Insgesamt umfasst die Freihandelszone etwa je ein Drittel der Erdbevölkerung und des weltweiten Bruttoinlandsprodukts. Ein Kernelement des RCEP ist die Integration südostasiatischer Lieferketten, die während der Covid-19-Pandemie unter Druck gerieten und teilweise gerissen sind.[5] Die Regionalisierung solcher Lieferketten wird sich erst in den kommenden Jahren komplett entfalten, illustriert aber die beginnende geoökonomische Fragmentierung globaler Märkte entlang regionaler Linien.

In den kommenden Jahrzehnten müssen Volkswirtschaften die Kosten und Nutzen dieser Entwicklung gegeneinander abwägen. Befürwortern einer Fragmentierung zufolge haben vor allem »westliche« Entscheidungsträger die sicherheits- und geopolitische Dimension globaler Verflechtung zu lange ignoriert. Um Abhängigkeiten zu reduzieren und politischen Spielraum zurückzugewinnen, müssten daher Formen von Entkopplung und Entflechtung in Kauf genommen werden. Ein praxisrelevantes Beispiel sind die Versuche, die Produktion von Generika und anderen pharmazeutischen Produkten aus Asien zurück nach Europa und in die USA zu holen – nicht zuletzt als Reaktion auf Knappheiten während der Covid-19-Pandemie.[6] Man erinnere sich nur an die hitzigen Debatten rund um Atemmasken und Schutzkleidung. Ein weiteres Beispiel, speziell bezogen auf die Bundesrepublik, waren frühe Warnungen, bei der Gasversorgung könne »die Abhängigkeit von einem einzigen ausländischen Lieferanten [...] eine Nation anfällig [machen] für Erpressung und Einschüchterung. [...] Deutschland wird völlig abhängig von russischer Energie werden, wenn es nicht sofort seinen Kurs ändert.« Es war Donald Trump, der diese Worte 2018 vor der UN-Vollversammlung in New York sprach und damit bei der deutschen Delegation auf Unverständnis traf.[7]

Dagegen verweisen Fragmentierungsgegner auf zusätzliche Kosten, die durch die Umleitung und Verlängerung von Lieferketten oder höhere Löhne entstehen.

Horizontale Fragmentierung sorge dafür, dass Handels-, Investitions- und Produktionsmöglichkeiten für heimische Unternehmen schrumpfen, weil diese beispielsweise vom riesigen chinesischen Markt entkoppelt würden. Wenn neue transnationale Verflechtungen geschaffen werden müssten, seien die Kosten dafür enorm. Als Paradebeispiel hierfür dienen Energieinfrastrukturen, die im Konfliktfall nicht einfach ersetzt werden können – erst recht nicht von privaten Unternehmen. Dies gilt vor allem für Erdgas, das größtenteils über transnationale, teure und auf Dauer gebaute Leitungen geliefert wird. Alternativen können nur mühsam und dann auch nur sehr kostenintensiv zeitnah geschaffen werden, was wiederum die Preise für das transportierte Gas in die Höhe treibt. Der jahrelange Streit zwischen den USA, Europa und Russland – und die damit einhergehenden ökonomischen Unsicherheiten – um die beiden Nord-Stream-Pipelines in der Ostsee muss auch in diesem Zusammenhang begriffen werden.

Selbst staatliche Investitionen und Eingriffe helfen hierbei nur bedingt. Als im Januar 2023 in Brunsbüttel zum ersten Mal ein LNG-Tanker anlandete, lobte sich die Politik nicht zu Unrecht für die »neue Deutschlandgeschwindigkeit«, mit der das Flüssiggasterminal durch finanzielle Unterstützung des Bundes errichtet worden war. Aber »nicht immer alles bequatschen und auf Papieren beschreiben«, wie Bundeswirtschaftsminister Robert Habeck von den Grünen es damals ausdrückte, hat seinen Preis: Mit inzwischen rund 1,5 Milliarden Euro dürfte der Bau deutlich teurer werden als geplant.[8] Der überhastete Ausbau zeigt, dass Infrastrukturprobleme als Folge globaler Fragmentierung auch nur bedingt durch schnelles Staatshandeln gelöst werden können.

Infrastrukturen als Arenen neuer Konflikte

Ein wesentliches Merkmal der wirtschaftlichen Verflechtung durch die Globalisierung ist der Ausbau (transnationaler) Infrastrukturen. Hierzu zählen klassische Bereiche wie etwa der internationale Güterverkehr, grenzüberschreitender Transport von Menschen und Waren oder Erdölpipelines, aber auch Unterseekabel als physische Infrastruktur des Internets. Letztere erleben vor allem seit den frühen 2000er Jahren einen Boom. In der Folge ist das heutige weltumspannende Glasfasernetzwerk entstanden – ein Kernelement der Informationsgesellschaft des 21. Jahrhunderts. Die meisten globalisierten Infrastrukturen erlauben die Skalierung wirtschaftlicher Aktivität, etwa durch die Erhöhung des Güterverkehrs oder durch technologische Modernisierung. In Zeiten wie jener der neoliberalen Globalisierung, die viele Beobachter allen Konflikten zum Trotz als »ruhig« verklärten, bilden Infrastrukturen die Bedingungen für Wachstum und stärkere ökonomische Integration. Sie spielen dann kaum eine Rolle in politischen Debatten, sind wenig politisiert und oftmals als überwiegend technische Angelegenheit einer breiten Öffentlichkeit unzugänglich. Als exemplarisch mag in diesem Zusammenhang SWIFT gelten. Bereits seit den 1970er Jahren ermöglicht die Organisation den geräuschlosen Ablauf des internationalen Zahlungsverkehrs. Erst in den letzten Jahren sich intensivierender globaler Rivalitäten erfuhr sie eine Politisierung und wurde über Expertenkreise hinaus bekannt.

Der neutrale, »ökonomische« Blick auf Infrastrukturen ist jedoch nicht naturgegeben, sondern historisch entstanden. Der Soziologe Michael Mann hat mit Bezug auf die Geschichte von Staatsbildungen zwischen »despotischer« und »infrastruktureller« Staatsmacht unterschieden.[9] Während despotische Macht auf die unmittelbare Verfügungsgewalt von Staatseliten über andere gesellschaftliche Gruppen abzielt, impliziert infrastrukturelle Macht die Fähigkeit, Staatshandeln innerhalb eines gegebenen Territoriums auch tatsächlich umzusetzen. Letzteres gewann vor allem in modernen, demokratischen Staaten des 20. Jahrhunderts an Bedeutung und wurde unter anderem durch öffentlich bereitgestellte und gut funktionierende Infrastrukturen ermöglicht. Der Ausbau beispielsweise von Transport-, Kommunikations- und Logistikwegen in vielen europäischen Ländern nach 1945 war ein Grundpfeiler der wirtschaftlichen Entwicklung der Nachkriegsjahrzehnte. Die Kontrolle nationaler Infrastrukturen lag dabei konsequenterweise in Staatshand. Firmen und andere gesellschaftliche Akteure profitierten von ihrer Bereitstellung, waren aber auch auf öffentliche Investitionen angewiesen, um sie zu erhalten, unternehmerische Abläufe dadurch effizienter zu gestalten und letztendlich Kosten zu senken.

Die neoliberale Globalisierung hat viele Infrastrukturen – vor allem im Güterverkehr und in der Telekommunikation – transnationalisiert und dadurch oft weltweite unternehmerische Aktivität erst ermöglicht. Zudem wurden viele dieser Strukturen, insbesondere in der Telekommunikation und im Energiebereich, in dieser Phase liberalisiert und privatisiert.[10] Das Internet ist dafür ein besonders anschauliches Beispiel. Die erdumspannenden Datenströme beruhen im Wesentlichen auf *physischer* Infrastruktur: Zwischen 95 und 99 Prozent der Daten werden durch rund 600 am Meeresboden befestigte Unterseekabel geleitet. Während (staatliche und private) Telekommunikationsfirmen in den frühen Tagen des Internets die Hauptinvestoren für diese Verkabelung waren, begann in den 2010er Jahren ein regelrechter »Kabelboom« mit Unternehmen wie Alphabet (früher Google), Meta (früher Facebook), Amazon oder Microsoft als wesentlichen Initiatoren.[11] Diese sogenannten *hyperscaler* benötigen stets mehr Bandbreite, um ihre digitalen Produkte weltweit verfügbar zu machen. Die einstigen Vorreiter des Ausbaus – klassische Telekommunikationsfirmen – formten oft Konsortien und »teilten« sich sowohl die Kapazitäten

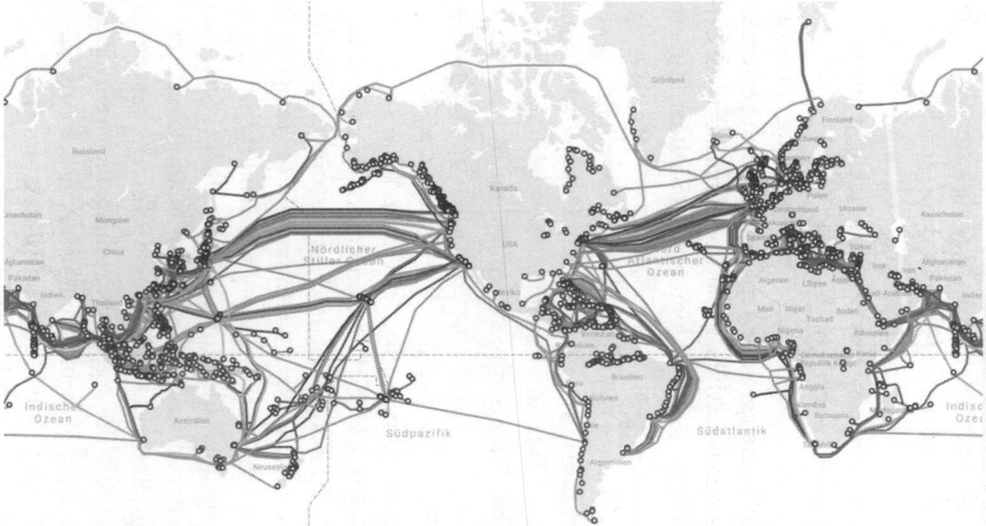

Abbildung 2: Das globale Unterseekabelnetzwerk.
Stand heute sind etwa 600 Kabel in Gebrauch oder geplant.
Quelle: Screenshot von https://www.submarinecablemap.com/, basierend auf Daten von TeleGeography (https://www.telegeography.com/).

als auch den Betrieb der Kabel. Heutige *hyperscaler* hingegen sind wenig daran interessiert, Kapazitäten abzugeben oder zu teilen – Dominanz und Kontrolle über transnationale Kabelsysteme ist ihnen wichtiger.

Ein wichtiger Grund für diese Entwicklung waren die rasch fortschreitende Digitalisierung und die erwartbaren Profite. Die eigenständige Bereitstellung und Kontrolle der physischen Seite der Digitalisierung erschien Tech-Giganten wie Alphabet als vorteilhaft. Private Unternehmen konnten jedoch nicht die Lücken schließen, die durch die weltweit fallenden staatlichen Investitionen entstanden waren. Bereits in den frühen 2000er Jahren zeichnete sich eine »infrastructure investment gap« ab,[12] da private Akteure in diesem Bereich selektiv vorgehen und weniger an renditearmen Infrastrukturinvestitionen interessiert sind – was heutzutage unter anderem *das* Kernproblem der Finanzmobilisierung für eine globale Energiewende darstellt.[13]

Die fortschreitende Geoökonomisierung globaler Wirtschaftsbeziehungen rückt die Relevanz kritischer globaler Infrastrukturen wieder in den Fokus. Mächtige Akteure nutzen globale Interdependenzen zu ihren Gunsten – oftmals über Finanznetzwerke, das Internet oder Handelsschiffsrouten.[14] Eher klassische Instrumente wie Blockaden oder andere »direkte« Sanktionen werden zwar weiterhin angewendet, verlieren in Zeiten hybrider Kriegsführung und digitalisierter Zahlungssysteme aber an Durchschlagskraft und sind häufig leicht umgehbar.[15] Die »neuen« Netzwerke, die in heutigen Konfrontationen instrumentalisiert werden, sind aber keineswegs rein digitale oder finanzielle Infrastrukturen, sondern ebenso materieller Natur. Die erwähnten Unterseekabel sind ein gutes Beispiel hierfür. Neben amerikanischen Technologieriesen spielen zunehmend auch nichtwestliche Firmen eine Rolle, etwa in Investorenkonsortien oder auch bei der Konstruktion und Verlegung der Kabel. Vor allem die Beteiligung chinesischer (Staats-)Unternehmen hat sich in den letzten drei bis vier Jahren zu einem zentralen Feld der strategischen Auseinandersetzungen zwischen den USA und der Volksrepublik entwickelt. So war z. B. das chinesische Unternehmen HMN Technologies im Jahr 2020 kurz davor, den Zuschlag für die Herstellung und Verlegung des neuen SeaMeWe-6-Kabels zwischen Singapur und Frankreich zu bekommen.[16] Das Investorenkonsortium bestand aus westlichen (vor allem US-amerikanischen) und chinesischen Telekommunikations- und Digitalfirmen. Da die Regierung in Washington die chinesische Kontrolle einer wichtigen transnationalen Kommunikationsinfrastruktur fürchtete, brachte sie das Konsortium durch eine Mischung aus (diplomatischen) Anreizen und Druck dazu, der in New Jersey ansässigen Firma SubCom den Zuschlag zu geben. Es ist zu erwarten, dass künftige Investitionsvorhaben in wichtige, aber vom Umfang relativ überschaubare Infrastrukturen wie Unterseekabel in ähnlicher Weise gedeutet und umkämpft sein werden wie das SeaMeWe-6-Projekt.

Dieses Beispiel verdeutlicht die Natur der fortschreitenden Geoökonomisierung vormals liberalisierter und vorgeblich »neutraler« transnationaler Infrastruktur. Es ist nicht so, dass die amerikanische Regierung selbst Anteilseigner oder Investor in diesem Großprojekt geworden wäre. Die Kommunistische Partei Chinas übt zwar generell Einfluss und Kontrolle über »private« Investitionsentscheidungen aus, hat aber keine formelle Rolle bei der ehemaligen Huawei-Tochter HMN Technologies inne. Der Staat übernimmt also nicht einfach privatisierte transnationale Infrastruktur, sondern baut seine Machtoptionen auf der Grundlage der Strukturen neoliberaler Globalisierung auf und aus. Private Akteure (und Infrastrukturen) werden nicht zugunsten staatlicher Kontrolle zurückgedrängt, sondern in neue strategische Beziehungen zu staatlichen Organen gesetzt. Dort, wo aus historischen Gründen private anstatt staatlicher Akteure Infrastrukturen schufen und dominierten, drängen Staaten hinein und nutzen ihre diplomatischen, ökonomischen und militärischen Möglichkeiten im globalen Wettbewerb. Unterseekabel erweitern beispielsweise den sinoamerikanischen »Tech War«, den Wettlauf um die leistungsfähigsten Halbleiter und Mikrochips, um physische und digitale Infrastrukturen.

Die geoökonomische Konkurrenz, vor allem zwischen China und den USA, ermöglicht es vielen Ländern im Globalen Süden, zu »infrastrukturellen Staaten« zu werden:[17] Regierungen nutzen sie, um Investitionen von rivalisierenden Parteien zu generieren. Im Rahmen von Pekings Belt and Road Initiative finden sich zahlreiche Beispiele hierfür. Staaten, die sich einem der vielen Projekte der BRI anschließen, bekommen Zugang zu Investitionsmöglichkeiten, die nationale Budgetrahmen und Kapazitäten sprengen würden. Länder wie Nepal, Kasachstan oder Griechenland erhalten so die Aussicht auf Verflechtung mit anderen BRI-Mitgliedern durch Transportwege, digitale Vernetzung oder Flug- und Seehäfen.

Die Volksrepublik nutzt diese ökonomische Verflechtung gleichzeitig auch für geostrategische Zwecke. Zwischen 2011 und 2016 errichteten zwei staatliche chinesische Betriebe eine Bahnstrecke zwischen Addis Abeba in Äthiopien und Dschibuti. Ähnlich wie im Fall der Verbindung Budapest-Belgrad (siehe Kapitel 3) waren wieder chinesische Entwicklungsbanken die hauptsächlichen Finanziers des Projekts. Die Export-Import Bank, die China Development Bank sowie die Industrial and Commercial Bank of China trugen insgesamt siebzig Prozent der Kosten.[18] Darüber hinaus eröffnete die Volksrepublik im März 2016 – kurz vor Vollendung der Bahnstrecke – in Dschibuti ihre bisher einzige offizielle Militärbasis im Ausland. Der Stützpunkt liegt am geostrategisch wichtigen Horn von Afrika. Immer wieder kommt es zu Zwischenfällen mit US-amerikanischen und anderen Truppen.[19]

Die Antwort der USA und anderer G7-Staaten auf die Belt and Road Initiative war die 2021 ins Leben gerufene, sogenannte »Build Back Better World« (B3W)-Initiative, die ein Jahr später in »Partnership for Global Infrastructure and Investment« umgetauft wurde. Ziel ist es, eine Alternative zu den vom chinesischen BRI ausgehenden Infrastrukturinvestitionen in Schwellenländern zu bieten. In den kommenden Jahren sollen für diesen Zweck bis zu 600 Milliarden US-Dollar bereitgestellt werden. Eine zentrale Frage lautet, ob der »westliche« (hier eher: US-amerikanische) Ansatz einer Mobilisierung von privatem (Finanz-)Kapital langfristig den bisher erfolgreicheren chinesischen Ansatz einer Mobilisierung von an Infrastrukturinvestitionen interessierten heimischen Industriegiganten die Stirn bieten kann.[20] Diese Auseinandersetzungen bedeuten in jedem Fall eine Veränderung von Staatlichkeit der betreffenden Empfänger solcher massiver Investitionen. Sie erhöhen auch die Handlungsspielräume von Ländern und Regierungen, welche die Konkurrenz um Infrastrukturen als Arenen globaler Konflikte als Quelle für frisches Geld von allen Seiten nutzen können – und dies auch tun.[21]

Die Veränderungen betreffen aber nicht nur sogenannte Schwellen- und Entwicklungsländer. Auch die Europäische Union passt ihre infrastrukturellen Handlungslogiken dem neuen Wettbewerb an. Jahrelang trieb die EU die Privatisierung staatlicher Infrastrukturen, etwa in Energiemärkten, voran. Projekte wie Gaia-X zum Aufbau eines leistungs- und wettbewerbsfähigen sowie sicheren Datenverkehrs oder die EU-Wasserstoffstrategie folgen indes einer neuen Handlungslogik. Sie sind bewusst als autonome europäische Strategieprojekte und als Anpassung an einen geoökonomischen Wettbewerb entworfen worden.[22]

Lieferketten als Achsen neuer Konflikte

Das Komplement zu Infrastrukturen bilden Lieferketten. Diese transnationalen Elemente ermöglichen es, Produktion und Handel in einer globalisierten Weltwirtschaft effizient und zeitig zu koordinieren. Lieferketten sind die Grundlage globaler Arbeitsteilung: Sie konsolidieren die durch die Globalisierung fragmentierten und komplexen Produktionsverhältnisse und sorgen so für die zeitweise Zuverlässigkeit und Stabilität kapitalistischen Wirtschaftens. In Zeiten neoliberaler Globalisierung fanden auch diese wichtigen Elemente der Weltwirtschaft wenig politische und mediale Beachtung. Außerhalb einer eher linken Kritik an Produktionsverhältnissen – etwa der Ausbeutung von Arbeitern in sogenannten Niedriglohnländern – waren Lieferketten selten Gegenstand politischer Debatten.

Als Quellen wirtschaftlicher, politischer und manchmal auch militärischer Vulnerabilität rücken Lieferketten nun in das Zentrum von Sicherheitsdiskussionen. Sichtbar wird das beispielweise in der »Europäischen Strategie für wirtschaftliche Sicherheit«. Diese zielt im Wesentlichen darauf ab, Risiken einzudämmen, die sich aus globalisierten Lieferketten, kritischen Infrastrukturen und der Instrumentalisierung ökonomischer Verflechtungen ergeben.[23] Die Integration von Märkten und Akteuren wird politisch nicht mehr vornehmlich als positive Zielvorstellung formuliert, sondern eher als potenzielle Bedrohung wahrgenommen. Eine solche Versicherheitlichung steht in starkem Kontrast zur jahrzehntelangen »Level playing field«-Politik europäischer Institutionen, die eher auf die Erschließung und Vertiefung solcher Interdependenzen gerichtet war. Bei der Vorstellung des neuen Ansatzes im Juni 2023 sagte der Hohe Vertreter der EU für Außen- und Sicherheitspolitik Josep Borrell: »Wir haben gelernt, wie Abhängigkeiten zu einer Waffe werden können. Mit dieser Strategie kombinieren wir sicherheitspolitische Maßnahmen, um unsere übermäßigen Abhängigkeiten zu verringern und gleichzeitig ein globales, offenes, regelbasiertes Handelssystem zu bewahren.«[24]

Eine wichtige Konsequenz derartiger Versicherheitlichung ist ein erhöhtes Konfliktpotenzial. Die politisch oft beschworene Rückgewinnung von Lieferketten und Arbeitsplätzen impliziert auch, dass an anderer Stelle Produktionsstätten und Jobs verschwinden. Anders als der (neoliberale) Wettbewerb um Investitionen ist die Konkurrenz um die Kontrolle von Lieferketten keine rein angebotsseitige Angelegenheit. Anstatt das Investitionsklima generell zu verbessern, versucht die Politik durch industriepolitische Maßnahmen, selektiv als strategisch bedeutsam eingestufte Sektoren zu stärken.

So rechtfertigte Robert Habeck die geplanten Zuschüsse für die Ansiedlung einer Chipfabrik der Firma Intel in Magdeburg im Jahr 2023 nicht etwa mit der Wettbewerbsfähigkeit Deutschlands, sondern mit der »Widerstandsfähigkeit der europäischen Halbleiterindustrie« und »europäische[r] Souveränität«.[25] Die zugesagten Staatshilfen von rund zehn Milliarden Euro spiegeln dabei die neue Logik der Industriepolitik wider. Nicht Steuersenkungen oder die Verbilligung von Arbeit, sondern massive Staatsinvestitionen zur Ansiedlung von Produktions- und Lieferketten und die Schaffung von (in diesem Fall bis zu 3000) Arbeitsplätzen waren das Instrument der Wahl.

Das Konfliktpotenzial einer derart motivierten Industriepolitik wird auch dadurch erhöht, dass Nachahmungseffekte entstehen. Die groß angelegten amerikanischen Industrieprogramme der letzten Jahre können als Antwort auf jahrzehntelange (erfolgreiche) chinesische Industriepolitik – wie das seit 2015 von der Volksrepublik forcierte »Made in China 2025«-Projekt zur Aufwertung der heimischen Industrie (das interessanterweise seinerseits maßgeblich vom deutschen Projekt Industrie 4.0 beeinflusst wurde) – interpretiert werden. Die EU wiederum hat in den letzten Jahren eine Reihe von Maßnahmen vorgelegt, die explizit als Antwort auf die amerikanischen Vorhaben diskutiert wurden.[26] Diese finanzielle Aufrüstung und die dadurch entstehenden Effekte können sich zwar positiv auf Beschäftigung und Investitionslücken, etwa im Infrastrukturausbau, auswirken. Gleichzeitig werden viele Maßnahmen als ökonomischer Nationalismus empfunden, wie beispielweise die im IRA enthaltenen Klauseln zur Verlagerung von Produktionskapazitäten in die USA. Die so angeheizte Konkurrenz erhöht das Risiko einer Konfliktspirale, die nicht nur auf industriepolitischem Terrain in Gang kommen könnte.

Die damit einhergehenden Versicherheitlichungstendenzen finden ihren Ursprung zwar meistens bei gewichtigen Akteuren wie China, der Europäischen Union und den USA. Die Folgen sind aber weltweit spürbar. Länder, die eine Zwischenposition in globalen Lieferketten einnehmen, sind besonders betroffen. So hat beispielsweise Singapur jahrelang davon profitiert, in etwa gleichem Ausmaß Verbindungen zur US-amerikanischen und zur chinesischen Wirtschaft zu unterhalten. Von Rohstoffarmut geprägt, entwickelte sich das südostasiatische Land zu einem wichtigen Logistik- und Umschlagsplatz für den Handel in Asien und zu einem globalen Finanzzentrum. Die Mehrheit der Bevölkerung ist chinesischstämmig, und die Volksrepublik ist nach wie vor einer der bedeutendsten Handels- und Investitionspartner Singapurs.[27] Gleichzeitig ist der Stadtstaat geopolitisch eng an die USA gebunden und wesentlicher Teil wichtiger Lieferketten amerikanischer Konzerne.[28] Schon der von der ersten Trump-Regierung losgetretene Handelskrieg mit China zog Singapur in starke Mitleidenschaft. 2019 rutschte das Land sogar in eine Rezession, da es oftmals in genau die Lieferketten integriert war, die von Sanktionen und Zöllen betroffen waren.[29] Anders sieht die Lage hingegen für das ebenfalls südostasiatische Vietnam aus. Vor allem amerikanische Importeure von Plastik, Stahl oder Textilprodukten wichen von China nach Vietnam aus, was die dortigen Exporte in die USA massiv erhöhte und für einen Beschäftigungsboom in den entsprechenden Branchen sorgte.[30] Die Verlagerung von Lieferketten hat indes wenig mit Effizienzsteigerung oder der Optimierung globaler Arbeitsteilung zu tun, sondern wird wesentlich von geoökonomischen Konflikten verursacht. Das Ergebnis ist eine Neuordnung von »Gewinnern« und »Verlierern« in der Weltwirtschaft.

Wenn man die Veränderungen in den transnational organisierten Lieferketten genau betrachtet, lässt sich aus den gewonnenen Erkenntnissen ein höheres Maß an Differenzierung in die Debatte um ein mögliches Ende vertiefter globaler Integration einbringen. Die von Disruptionen betroffenen wirtschaftlichen Beziehungen lösen sich nicht in Luft auf, sondern verlagern sich. Einige Lieferketten entstehen neu, manche werden verstärkt, um auf strategische Auseinandersetzungen zu reagieren. Die Geoökonomisierung der Weltwirtschaft könnte also paradoxerweise auf tiefere Integration bei gleichzeitiger Fragmentierung hinauslaufen. Wenn Firmen und Staaten ihre Lieferketten aufgrund von Konflikten lediglich geografisch verschieben, ändert sich quantitativ zunächst nicht viel an der ökonomischen Integration. Oftmals werden Lieferketten aber nicht einfach verschoben, sondern diversifiziert, um Risiken zu minimieren. Nach dem Ende der russischen Gaslieferungen an die meisten Staaten der EU im September 2022 trat nicht etwa ein neuer einzelner Anbieter auf den Plan, vielmehr sprangen Akteure aus unterschiedlichen Erdteilen wie Skandinavien, Nordafrika und Nordamerika ein.[31] Obwohl der gesamte Gasverbrauch nicht angestiegen (sondern gefallen) ist, hat die Diversifizierungsstrategie dafür gesorgt, dass europäische Länder heute tiefere und zahlreichere Lieferketten mit anderen Gasproduzenten haben als vor dem Schock der gekappten Verbindungen zu Russland.

In den letzten Jahren ist in Europa und den USA »De-Risking« zum Stichwort für solche Diversifizierungsstrategien geworden. Der Begriff kann verschiedentlich definiert werden, umfasst im Kern aber ein Maßnahmenbündel, das Lieferketten »sicherer« vor ungewollter Instrumentalisierung machen soll. Dies beinhaltet unter anderem den Ausschluss missliebiger Handelspartner, die Stärkung heimischer Produktion essenzieller Güter oder Absprachen und Verträge zur Sicherung der Lieferung von Rohstoffen und seltener Erden, die importiert werden müssen. Das Konzept steht dem auch oft gebrauchten »De-Coupling« nahe, das eine vollständige wirtschaftliche, militärische und politische Entflechtung verschiedener Machtblöcke vorsieht. Ein Blick auf die Natur der Geoökonomisierung zeigt aber, dass derartige Entflechtungen unrealistisch sind und eine solche Annahme, mit Blick auf die hier entworfene Argumentation, geradezu unhistorisch wäre. Die neue Ordnung entsteht nicht aus dem luftleeren Raum, sondern entwickelt sich aus der zu Ende gehenden neoliberalen Globalisierung. Die Versuche von Firmen und Staaten, Lieferketten geografisch zu verschieben, abzusichern und Risiken zu minimieren, zeugt von einem hohen Aufwand, um die durch Globalisierung entstandene Verflechtung in abgeänderter Form zu erhalten. Auch empirisch lässt sich ein Entflechtungsszenario kaum nachweisen, dafür aber verschiedene Versuche der Risikominimierung durch De-Risking.[32]

Abschied vom Wachstum?

Obwohl Auseinandersetzungen um Lieferketten, Infrastrukturen, Zukunftstechnologien und seltene Erden vielfach die Schlagzeilen dominieren, sind politökonomische Konflikte vielleicht eher ein Symptom als die Ursache einer Geoökonomisierung der Weltwirtschaft. Ein wichtiger Grund für die aufkeimenden Konflikte sind auch strukturelle Probleme im globalen Kapitalismus selbst. Die letzte Dekade war die erste seit vierzig Jahren, in der die durchschnittliche Wachstumsrate in beinahe allen Regionen erstmals wieder fiel.[33] Obwohl sich die weltweite Produktivität seit 1974 verdoppelt hat, zeigt der Trend der Wachstumsrate über die letzten Jahrzehnte gesehen ebenfalls nach un-

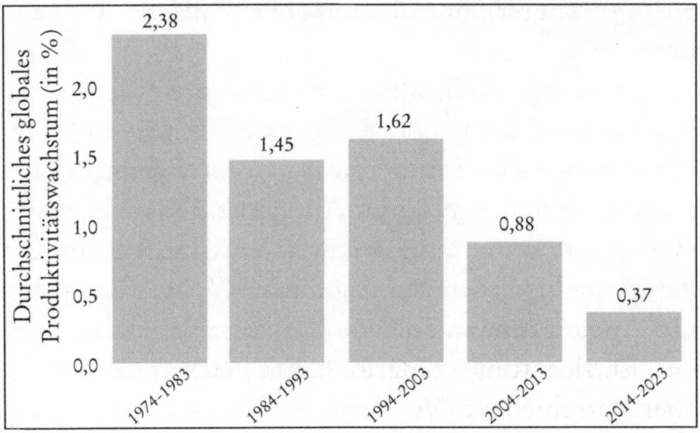

Abbildung 3: Durchschnittliches globales Produktivitätswachstum per Dekade.
Quelle: eigene Berechnung auf der Grundlage von Daten des Centraal Bureau voor de Statistiek (https://www.cbs.nl/).

ten (siehe Abbildung 3). Vor allem das letzte Jahrzehnt war auffällig mit durchschnittlichen Zuwächsen von unter 0,4 Prozent.

Sinkende Produktivitäts- und Wachstumsraten machen dabei auch »Zugpferden« wie China zu schaffen. Hinzu kommen wirtschaftliche und politische Disruptionen, hervorgerufen durch Pandemien, Kriege und inflationären Druck in den 2020er Jahren, die sicher die allgemeine Lage nicht verbessern. Für den (demokratischen) Kapitalismus sind solche Phasen problematisch, da sie seine Legitimität untergraben. Wenn schleppende ökonomische Entwicklung, gepaart mit zunehmender Ungleichheit innerhalb vieler Gesellschaften, auf ökologische und kriegsinduzierte

Krisen trifft, ergibt sich ein problematischer Gesamtmix.

Die Gründe dafür, dass der Motor des globalen Kapitalismus stottert, sind zu komplex, um sie quasi im Vorbeigehen zu diskutieren. Mir geht es hier um die Konsequenzen. Unter der Annahme, dass wir uns in einer beharrlichen Stagnation der wirtschaftlichen Dynamik befinden, ergeben sich neue Verteilungsfragen und entsprechende Probleme. Die Geoökonomisierung der Weltwirtschaft wäre dann eine Folge dieser Stagnation: An die Stelle des Wettbewerbs um einen sich immer weiter ausdehnenden »Kuchen« (etwa: der globalen Wirtschaftsleistung oder globaler Produktivitätsgewinne) träten Auseinandersetzungen um die Kontrolle und Sicherung existierender Märkte, Infrastrukturen, Lieferketten und Technologien. Wir sehen solche Konflikte bereits – und es ist zumindest plausibel, dass die messbare Stagnation der Weltwirtschaft einen gewichtigen Beitrag dazu leistet.[34]

In diesem Zusammenhang spielen Ideen zu »Degrowth« und »Post-Growth« oder Postwachstum eine viel größere Rolle als noch vor wenigen Jahren. Einst als unrealistisch angesehene und eher in heterodoxen Nischen gehandelte Perspektiven erhielten Positionen, die sich kritisch mit Wachstum und dessen Folgen auseinandersetzen, in den letzten Jahren größeren Zulauf,[35] ja wider Erwarten gelangen einigen Autoren sogar Bestseller.[36] Das liegt vornehmlich an der ökologischen Krise. Die Beschleunigung der Klimakatastrophe führt die zerstörerische Kraft ungehemmten Wachstums klar vor Augen. Obwohl theoretisch gesehen ökonomisches Wachstum nicht fossil und zerstörerisch sein *muss*, spricht die Empirie eine deutlich andere Sprache. Und selbst wenn eine Entkopplung von Wachstum und Emissionserzeugung – geschweige denn von Ressourcenverbrauch – überhaupt möglich ist, fehlt uns dennoch die Zeit, um globale Klimaziele auf ausgetretenen Pfaden zu erreichen und dadurch die Schäden in Grenzen zu halten.[37]

Degrowth-Befürworter plädieren daher für eine Abkehr vom Wachstum als primärem Ziel wirtschaftlichen Handelns, zumindest im Globalen Norden.[38] Eine Welt säkularer Stagnation bringt bereits Aspekte von Degrowth hervor, etwa wenn Rezessionen zum Rückbau von Industrien und somit Emissionen führen. Allerdings bleibt Degrowth primär eine *Forderung*, weniger eine Analyse des Status quo. Wenn wir unsere Lebensgrundlagen langfristig erhalten wollen, so das Degrowth-Argument, müssen wir uns von unserer Fetischisierung des Wachstums lossagen und neue Wege zum guten und gelingenden Leben finden.

Dagegen ist das Postwachstums-Konzept eher zeitdiagnostisch zu verstehen. Seine Theoretiker nehmen die Tendenzen zur ökologischen Selbstzerstörung kapitalistischen Wirtschaftens (in Kombination mit Phänomenen wie säkularer Stagnation und anhaltender Krisenhaftigkeit des Kapitalismus) als Ausgangspunkt für die Frage nach einer künftigen Gesellschaftsordnung. Das Ende des Wachstums als Kernkonzept der Moderne wirft dabei allerlei ökonomisch relevante Fragen auf, von der Organisation von Produktion und Konsum bis hin zu Fragen der gerechten Verteilung von Chancen und Risiken. Solche Überlegungen sind immens wichtig, da die Persistenz einer wachstumsorientierten globalen Ordnung *ohne* entsprechendes Wachstum ihre Legitimität zu verlieren droht und so populistischen und reaktionären Kräften Aufwind verleihen könnte.[39] Organisation und Planung einer Postwachstumsgesellschaft sind daher wichtig, auch wenn Wachstum als Metrik nicht einfach verschwinden wird.[40] Selbst in einer solchen Gesellschaft würde Wachstum wahrscheinlich stattfinden, allerdings würde dessen hegemoniale Wirkung in der Wirtschafts- und Sozialpolitik deutlich schwinden.

Die geoökonomische Ordnung entwickelt sich zeitgleich zu diesen Debatten. Der sich verändernde Modus Operandi globaler Wirtschaftsbeziehungen rückt deren nichtwachstumsorientierte Aspekte in den Mittelpunkt. Während die neoliberale Globalisierung wirtschaftlichen Wettbewerb noch als Mittel zur Wachstumssteigerung verstand, verändert sich diese Sichtweise nun merklich. Die Auseinandersetzungen um Infrastrukturen oder Lieferketten werden gemeinhin nicht als wohlfahrtssteigernde Win-win-Situationen formuliert. Vielmehr werden neu aufkommende Konflikte von den beteiligten Parteien oft als Notwendigkeit in einer sich wandelnden globalen Ordnung gesehen.

Wohlfahrtsgewinne in Form von Wirtschaftswachstum können damit anderen, langfristig strategischen Zielen untergeordnet werden. So war z. B. die Lossagung vieler europäischer Staaten von russischen Gasimporten nach dem Überfall auf die Ukraine 2022 eine strategische Entscheidung, die bewusst temporäre Wachstumseinbußen in Kauf nahm. Durch die forcierte Umstellung jahrzehntelang aufgebauter Energie-Infrastrukturen und Liefervereinbarungen litten z. B. energieintensive Industrien unter Produktionsrückgängen.[41] Auch unterhalb der Schwelle direkter Konfrontation vernachlässigen viele Länder den neoliberalen Standortwettbewerb und bauen eher ihr strategisches Repertoire aus. Investitionsprüfungsmechanismen, Exportkontrollen oder De-Risking sind eben nicht in erster Linie Maßnahmen zur Belebung von Wirtschaftswachstum, sondern zur strategischen Neuausrichtung von Ökonomien unter den Bedingungen zunehmender Konflikthaftigkeit.

Diese Überlegungen öffnen das Fenster für seriöse Diskussionen über die Rolle von Wirtschaftswachstum in einer von Nachhaltigkeitskrisen geprägten Gegenwart. Wenn Wachstum und dessen mehr oder weniger gerechte Verteilung der ultimative Zweck des demokratischen Kapitalismus sind, unterminieren Stagnation und Ungleichheit die Legitimität des System.[42] Die Geoökonomisierung von Wirtschaftspolitik verändert diese systemischen Legitimitätsgrundlagen zumindest teilweise. Wachstum wird nicht mehr als alleiniger Zweck politischen Handelns gesehen, sondern oftmals auch als Mittel. Die Reorganisation von Lieferketten und Infrastrukturen soll nationale Sicherheit erhöhen, selbst wenn damit höhere Kosten verbunden sind. Grüne Industriepolitik kann zwar auch, wenn sie richtig gesteuert wird, Arbeitsplätze schaffen. In erster Linie wird der Umbau der Wirtschaft in Industrieländern aber als Schutz gegen die Klimakatastrophe und damit verbundene gesellschaftliche Risiken konzipiert. Exportkontrollen, die gegen Technologietransfers schützen sollen, nehmen die Einschränkung der Wachstumsmöglichkeiten der (heimischen) Firmen in Kauf. Die Liste ließe sich fortsetzen.

Es ist klar, dass in allen diesen Teilbereichen gegenwärtiger Wirtschaftspolitik das Primat unbedingten Wachstums nicht mehr hegemonial ist. Wie Bundeskanzler Olaf Scholz es 2022 in Davos ausdrückte: »Mehr wirtschaftliche Resilienz lautet das Gebot der Stunde in dieser multipolaren, krisenanfälligen Welt.«[43] Das bedeutet auch mehr Zuverlässigkeit durch regionale oder sogar nationale Produktion und abgesicherte Lieferketten oder mehr Kontrolle über transnationale Infrastrukturen, auch wenn dies mit zusätzlichen Kosten verbunden ist.

Die historisch einmalige Entwicklungsleistung kapitalistischer Gesellschaften im Globalen Norden sollte uns nicht die Perspektive auf die zerstörerischen Folgen fossilen Wirtschaftens verstellen. Daher ist die Öffnung des Diskursraums sicherlich begrüßenswert. Sie erinnert uns daran, dass wir als Gesellschaft niemals nur Statisten in der Entwicklung des globalen Kapitalismus sind, sondern auch Akteure. Wenn das Mantra des unbedingten Wachstums nicht mehr *allen* anderen Zielen übergeordnet wird, welchen Spielraum hat dann progressive Politik in Krisenzeiten? Das ist eine wichtige Frage, die vor allem für das Abfedern der Klimakatastrophe fundamental ist.

Ich möchte hier für eine realistische Perspektive auf die derzeitige Entwicklung plädieren. Dazu gehört einerseits der klare Blick darauf, dass die meisten Politikinhalte, die den Wachstumsfetisch vergangener Jahrzehnte teilweise verdrängen, dezidiert *nicht* progressiver Natur sind. Der rasend schnelle Ausbau militärischer Kapazitäten in Europa seit dem Überfall auf die Ukraine ist eher ein notwendiges Übel als ein zivilisatorischer Fortschritt. Die protektionistische und teilweise nationalistische Rückbesinnung auf wirtschaftspolitische Instrumente wie Exportkontrollen oder Investitionsblockaden erhöhen Spannungen zwischen Staaten und anderen Akteuren. Und die neu gefundene Potenz von (grüner) Industriepolitik kommt oft nur in Kombination mit Sicherheits- und Unabhängigkeitsargumenten vor. Kurzum: Die Geoökonomisierung der Wirtschaftsbeziehungen prägt auch den Debattenraum um (Post-)Wachstum entscheidend mit – und zwar selten progressiv.

Ein realistischer Blick sollte andererseits aber auch in Betracht ziehen, dass Wachstum nicht seit je das Kernziel staatlichen Handelns gewesen ist. Erst in den 1950er Jahren wurde das heute gängige Wachstumsparadigma politisch, ökonomisch, statistisch und institutionell etabliert und dadurch hegemonial.[44] Dementsprechend argumentieren Politikökonomen wie Bentley Allan, dass moderne Industriepolitik bereits heute neue Realitäten schafft. Die Klimakrise gepaart mit globalen Spannungen zwingt Staaten dazu, sich eindeutiger als in den letzten Jahrzehnten zu den großen Herausforderungen unserer Zeit zu verhalten. Durch industriepolitische Selbstermächtigung schaffen sie laut Allan die Bedingungen einer neuen globalen Ordnung, die auf »Langzeitorientierung, Kreislauf(-wirtschaft), globale Vernetzung und eine neue, demütige Auffassung menschlicher Bestimmung« abzielt.[45] Trotz seiner rosigen Sprache sieht auch Allan, dass eine solche Neujustierung nicht das Ende der Geschichte bedeutet. Auch ein »grüner« Postwachstumsstaat muss die Unwägbarkeiten und Konflikte von Kapitalismus und Demokratie aushalten und lösen.

Mehr Mittel als Zweck: Die Wirtschaft in der neuen Ordnung

In allen hier besprochenen Teilbereichen wird klar, dass Wirtschaft und Märkte sich in einer geoökonomischen Welt grundlegend verändern. Jedoch subtiler und weniger kategorisch, als gängige Lesarten des Endes der Globalisierung es vermuten lassen. Wie auch bei der Frage nach einem Wandel von Staatlichkeit baut die Transformation der globalen Wirtschaft und ihrer Elemente auf dem Erbe neoliberaler Globalisierung auf. Wir sollten also, sowohl empirisch als auch theoretisch, die Frage nach der Veränderung des Bestehenden stellen, um die Ankunft des Neuen besser begreifen zu können. Beim Blick auf die globale Wirtschaft zeigt sich: Märkte werden in der neuen Ordnung eher horizontal als vertikal fragmentiert. Gleichzeitig wandelt sich das Verhältnis von Politik und Gesellschaft zu diesen Märkten. Sie werden öfter als noch vor wenigen Jahren instrumentalisiert und weniger als reiner Selbstzweck politischen Handelns gesehen. Diese instrumentelle Sichtweise betrifft sowohl die grundlegende Idee von Wirtschaftswachstum, aber auch die praktische Seite von Wirtschaftspolitik. Unter den Bedingungen von Geoökonomisierung ist politisches Handeln mehr als zuvor darauf ausgerichtet, Märkte und Wirtschaft für andere Zwecke zu instrumentalisieren. Dies mag nicht immer überall und ausschließlich der Fall sein, doch die Fälle von Investitionsblockaden, Exportkontrollen und entschlossener Industriepolitik häufen sich.

Dieser Mitteleinsatz für strategische Zwecke hat natürliche und politische Grenzen. Eine vollkommene Instrumentalisierung von Wirtschaftspolitik würde rasant Ungleichgewichte anhäufen und zu folgenschweren Fehlallokationen führen. Sie würde auch den Widerstand von Konzernen hervorrufen, die gerade wegen der Bedeutung von Märkten in aufkommenden Auseinandersetzungen neues Machtpotenzial erfahren. Der Kampf um technologische Vorherrschaft im Halbleiterbereich etwa beschränkt sich im Kern auf drei bis vier extrem erfolgreiche und wichtige Firmen, ASML in den Niederlanden etwa oder TSMC in Taiwan.[46] Ebenso wird das Geschäft mit digitalen Produkten von einer Handvoll wichtiger Plattformen wie Amazon, Alibaba oder Alphabet dominiert, die sich ihrer politischen und ökonomischen Macht mehr als bewusst sind. Die EU-Wettbewerbskommissarin Margrethe Vestager diagnostizierte gar ein »neues Zeitalter der Unternehmensmonopole«.[47] In einer geoökonomischen Welt werden daher Staaten diese mächtigen Akteure nicht einfach einfangen und instrumentalisieren können.

Dieser Umstand ist wiederum ein Erbe neoliberaler Globalisierung. Durch die Transnationalisierung von unternehmerischer Aktivität konnten Firmen wichtige strukturelle und instrumentelle Machtressourcen ausbauen. Sie verschoben mehr Profite denn je in Steueroasen, rekrutierten weltweit agierende und politisch einflussreiche Berater und Kanzleien oder nutzten die globalen Unterschiede von Arbeitskosten, um Profite anzuhäufen.[48] In der sich entwickelnden Ordnung wird diese Machtexpansion zwar nicht ungehindert weitergehen, doch das muss sie auch nicht. Quasimonopole und Oligopole bei wichtigen Technologien oder in der Digitalbranche sind wichtige Knotenpunkte in globalen Auseinandersetzungen. Staaten und andere Akteure wie internationale Organisationen sind auf diese mächtigen Unternehmen angewiesen, um in einer solchen Welt zu agieren.

Von daher ist die beschriebene Umkehr der neoliberalen Mittel-Zweck-Logik kein absoluter Bruch mit den grundlegenden Bewegungsgesetzen des Kapitalismus. Dennoch ist zu erwarten, dass die Wirtschaftspolitik andere Antworten auf Fragen der Entwicklung, Sicherheit, des globalen Wettbewerbs und des Sinns und Zwecks von Wachstum findet und finden wird, als sie es in der neoliberalen Ära tat. Dies wirkt sich auf die strategische Ausrichtung von wirtschaftlichen Akteuren aus. In einer Welt der Stagnation und intensivierter Konflikte wird sich der Fokus multinationaler Konzerne eher auf *relative* Profitextraktion anstatt auf unlimitierte Profitmaximierung beschränken. Neue Möglichkeiten hierzu könnten Fragmentierung und die damit verbundene Neuausrichtung von Lieferketten bieten. Ebenso werden schon heute neue Allianzen zwischen Staaten und Unternehmen geschmiedet, um strategische Ziele wie die Rückgewinnung von Lieferketten zu realisieren.[49] Ein solches Reshoring hätte in der Welt neoliberaler Globalisierung für Konzerne wenig Sinn ergeben. In einer geoökonomischen Ordnung eröffnet es Firmen aber die Möglichkeit, Macht- und Profitressourcen auszubauen.

4
Politik

Wir sind nie neoliberal gewesen

Im Jahr 1991, also kurz nach dem Ende des Kalten Krieges, veröffentlichte der französische Philosoph und Soziologe Bruno Latour eines seiner Schlüsselwerke mit dem Titel *Nous n'avons jamais été modernes* (*Wir sind nie modern gewesen*).[1] Darin beschreibt er die sich in der Moderne vollziehende, aber stets unvollständige und widersprüchliche Trennung von Natur und Kultur. Latour zufolge waren wir, im Sinne einer vollkommenen Abspaltung des Menschen von seiner natürlichen Umgebung, niemals wirklich »modern«. Vielmehr würden sich Gesellschaften immerzu in einem hybriden Prozess des ständigen Austarierens des Verhältnisses von Natur und Kultur befinden. Die Moderne ist für Latour damit weniger eine Zustandsbeschreibung, sondern fungiert eher als potente Idee, die Handeln und Denken strukturiert und oft an der hybriden Wirklichkeit menschlichen Daseins scheitert.

Diese Denkfigur lässt sich gut auf die Frage nach der Politik in geoökonomischen Zeiten übertragen. Lange Zeit waren die Vorzüge der neoliberalen Globalisierung ein wirkmächtiger Leitfaden für die Wirtschafts- und die Sozialpolitik in den reichen westlichen Demokratien. Wie sehr das neoliberale Denken die Wirtschaftspolitik dominierte, zeigte sich daran, dass in Ländern rund um die Erde Deregulierung und Entfesselung von Marktkräften, die transnationale Loslösung wirtschaftspolitischer Entscheidungen von demokratischen Prozessen und ausgeglichene Staatshaushalte zu Patentrezepten erklärt wurden. Gleichzeitig waren *wir* niemals wirklich neoliberal: Der gesellschaftliche Widerstand gegen den Neoliberalismus ist so alt wie dieser selbst.[2] Seattle, Genua und Heiligendamm wurden zu Fanalen einer als »globalisierungskritisch« apostrophierten internationalen sozialen Bewegung. Parteien, die Kernelemente neoliberaler Reformen durchsetzten, wie etwa die deutschen, niederländischen, griechischen oder französischen Sozialdemokraten und Sozialisten, erlitten schwere Wahlniederlagen. Viele von ihnen verloren ab den frühen 2000er Jahren ihren Status als Volkspartei.[3]

Einige Faktoren deuten darauf hin, dass Gesellschaften in Europa und anderswo trotz der politischen Wirkmächtigkeit neoliberaler Ideen diese nie wirklich flächendeckend internalisiert haben. Neben den genannten Protesten liefern die zahlreichen Studien, die einen Zusammenhang zwischen Globalisierungsschocks und der Popularität protektionistischer und nationalistischer Ideen nachweisen konnten, dafür wichtige Hinweise.[4] Wählerinnen und Wähler reagieren sehr konkret auf (materielle) Nachteile, die sie durch die neoliberale Globalisierung erfahren haben, und weichen auf politische Alternativen aus, die ihnen Abhilfe oder Schutz

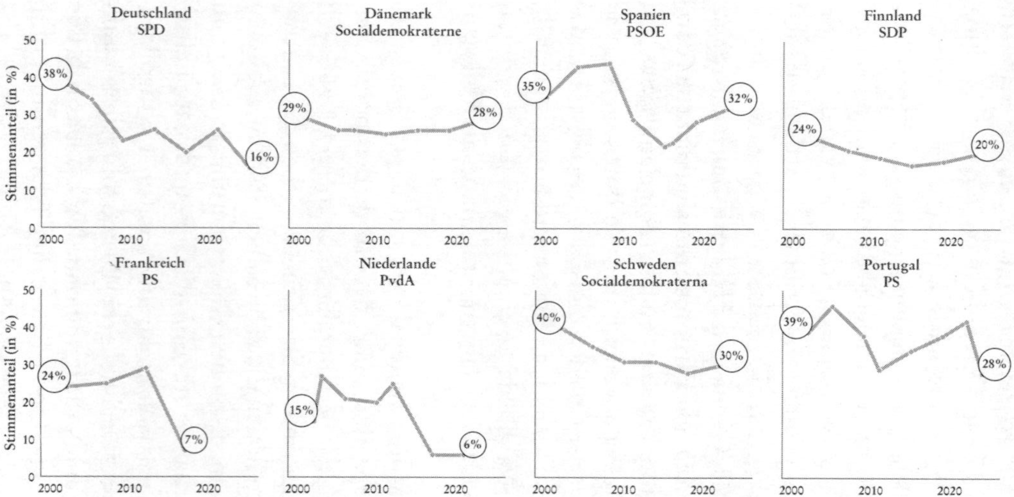

Abbildung 4: Stimmenanteile ausgewählter europäischer sozialdemokratischer Parteien seit 2000.
Quelle: ParlGov database (https://www.parlgov.org/).[5]

versprechen – und die sich oftmals am rechten, aber auch am linken Rand des Spektrums finden.

Der Aufstieg von »Anti-System-Politik« war dabei keine überraschende, sondern eine inkrementelle Entwicklung.[6] Frühe rechtspopulistische und globalisierungsskeptische Bewegungen wie der französische Front National oder die Freiheitliche Partei Österreichs (FPÖ) waren bereits in den 1990er Jahren und zu Beginn der 2000er Jahre sehr erfolgreich. Auch der Brexit oder die Wahl Donald Trumps 2016 sind nicht aus dem luftleeren Raum entstanden. Jahrzehntelang schwelende Europaskepsis im ersten und die Wut sogenannter »Globalisierungsverlierer« aus den ehemaligen Industriehochburgen im zweiten Fall bereiteten den Weg. Studien, die sich mit den Gründen für diese Entwicklungen auseinandersetzen, haben eine konstante Zunahme ablehnender Haltungen gegenüber der neoliberalen Globalisierung im »Westen« im Laufe der vergangenen knapp dreißig Jahre nachgewiesen.[7]

Verglichen mit den Nachkriegsjahrzehnten hat die Polarisierung politischer Systeme in Westeuropa nach dem Ende des Kalten Kriegs kontinuierlich zugenommen und ist heute höher als jemals zuvor.[8] Kurz nach dem Aufstieg und der Hochzeit der neoliberalen Globalisierung zersplitterte die Unterstützung ebenjener politischen Kräfte, die sie damals trugen.[9] Die neoliberale Globalisierung war eine »Ordnung ohne Volk«. Das hat, wie ich im Folgenden darlege, wichtige Implikationen für Politik und Ideologie in geoökonomischen Zeiten.

Theoretisch gesehen könnten Polarisierung und Fragmentierung ein Ergebnis erfolgreicher Ordnungsbildung sein. Ein Wesensmerkmal hegemonialer Ordnungen ist der endo- und exogene Widerstand gegen ihre Grundpfeiler, den sie fortlaufend erzeugen.[10] Die Dominanz bestimmter Werte, Institutionen und Machtbeziehungen mobilisiert diejenigen, die normativen, inhaltlichen oder machtpolitischen Widerspruch hegen und diesen besonders klar artikulieren können: Die Antwort vieler gesellschaftlicher Gruppen auf den Washingtoner Konsens war nicht selten Dissens.

Indes schien die Nachkriegsordnung in (West-)Europa und den USA zunächst eher von *zunehmendem* Vertrauen in den demokratischen Kapitalismus gekennzeichnet zu sein. Anziehendes Wirtschaftswachstum in den 1950er und 1960er Jahren, gepaart mit der politischen Emanzipation und Partizipation großer Bevölkerungsschichten, sorgten für dynamische, aber recht stabile politische und ökonomischer Verhältnisse.[11] Martin Wolf, legendärer Kommentator bei der *Financial Times*, bezeichnet das frühe Zusammenspiel von Demokratie und Kapitalismus daher als »schwierige, aber wertvolle Vermählung komplementärer Gegensätze«.[12] Die parteipolitische Polarisierung war in Westeuropa zu jener Zeit ebenfalls niedrig, und Volksparteien verzeichneten bis in die 1970er Jahre hinein Stimmenzuwächse.[13] Der demokratische Kapitalismus der Nachkriegsjahrzehnte schuf eine stabile hegemoniale Ordnung, mit der sich breite Bevölkerungsschichten lange identifizieren konnten. Dafür sprechen die bis in die 1980er Jahre bestehenden schwachen Polarisierungsdynamiken, hohen Wahlbeteiligungen, stets hohen gewerkschaftlichen Organisationsgrade sowie vergleichsweise stabile Parteiensysteme in vielen OSZE-Ländern.

Den Kern dieser hegemonialen Ordnung bildete ein fordistisch-keynesianischer Klassenkompromiss. Massenproduktion und -konsum sowie das Versprechen auf sozioökonomische Mobilität und hohe Wachstumsraten sorgten für politische Stabilität. Treibende Kraft war die Binnennachfrage nach Gütern, Dienstleistungen und Wohnraum. Der Wohlfahrtsstaat konnte in einem Umfeld hoher Beschäftigung bei gleichzeitig hoher Tarifbindung (und somit einem stabilen Einkommenssteueraufkommen) und wenigen Möglichkeiten von Kapitalflucht einfacher ausgebaut werden als später während der neoliberalen Globalisierung.[14]

Viele dieser Eckpfeiler der Nachkriegsordnung gerieten ab den 1980er Jahren ins Wanken. Auslöser waren akute und strukturelle Probleme in der kapitalistischen Wertschöpfung. Die Ölpreisschocks der 1970er Jahre und in der Folge zunehmende Arbeitslosigkeit bei anziehender Inflation führten zu einer tiefen Krise des Paradigmas keynesianischer Wirtschaftspolitik. Neoliberale Kritiker des fordistisch-keynesianischen Nachkriegskompromisses, wie der amerikanische Präsident Ronald Reagan oder die britische Premierministerin Margaret Thatcher, begannen in dieser Zeit ihre politischen Siegeszüge. Auch die Identifizierung breiter Bevölkerungsschichten mit dem demokratischen Kapitalismus veränderte sich. Mit der Schwächung der Gewerkschaften erodierten gesellschaftliche Werte wie Solidarität und Zusammenhalt, die wesentlich für die Stabilität der Nachkriegsordnung waren. Infolge der neoliberalen Dominanz in der Politik und der Wirtschaft setzte sich auch auf gesellschaftlicher Ebene ein robuster Individualismus durch. Die Politikwissenschaftler Daniel Deudney und G. John Ikenberry haben in den 1990er Jahren eine dem Westen eigentümliche »staatsbürgerliche Identität« (*civic identity*) als wichtigen Pfeiler der transformierten, (neo-)liberalen Weltordnung beschrieben.[15] Demnach habe der globale Kapitalismus eine »Kultur der Marktrationalität produziert, die alle Aspekte des Lebens durchdringt«.[16] Neben einer internationalisierten »business culture« und der identitätsstiftenden Kraft von Popkultur seien auch die Vorstellungen des guten Lebens global gesehen konsumorientierter und homogener geworden. Dies, so die Autoren, habe zu einem Relevanzverlust klassenbezogener, ethnischer und nationaler Identitäten geführt. Wohl kaum ein anderer Autor hat das Amalgam aus ökonomischer Liberalisierung, politischer Deregulierung der Marktkräfte sowie individuellem Konsumismus, das die neoliberale Weltordnung bildete, so pointiert auf den Punkt gebracht wie Thomas Friedman. Noch nie, schrieb der Kolumnist der *New York Times* 1996, hätten zwei Länder, in denen die

US-amerikanische Fast-Food-Kette McDonald's Restaurants betreibe, gegeneinander Krieg geführt.[17]

Heute, da ethnisch-nationalistische und populistische Kräfte die internationale Politik maßgeblich mitgestalten, wirken diese Ideen freilich allzu optimistisch, um nicht zu sagen: geradezu naiv. Allerdings zogen kritische Autorinnen und Autoren die identitätsstiftende Kraft des neu entfesselten globalen Kapitalismus schon früh in Zweifel. Der Politökonom Stephen Gill umriss bereits 1995 die Grundzüge einer »neoliberalen Marktzivilisation«, welche die Epoche nach dem Ende des Kalten Kriegs bestimmen würde.[18] Auch er sah die Grundzüge des neoliberalen Identitätsprojekts in den Ideen von kapitalistischem Fortschritt, globaler Marktintegration und fortschreitendem Konsum verankert. Doch hob er die Widersprüche dieser ideologischen Unterfütterung hervor. Diese würden sich beispielsweise in eklatanter Geschichtsvergessenheit, hierarchischer und disziplinierender marktförmiger Herrschaft oder der ökologischen Kurzsichtigkeit des neoliberalen Projekts zeigen. Edward Luttwak beschrieb schon zu Beginn der 1990er Jahre die »faschistische Prädisposition«, die ein entfesselter globaler Kapitalismus erzeugen würde.[19] Wie der geopolitische Stratege schrieb, würde die von vielen Teilen der Mittelschicht empfundene und von der Globalisierung verschärfte wirtschaftliche Unsicherheit den politischen Raum für einen neuen Rechtsradikalismus öffnen. Er sollte recht behalten.

Im Rückblick auf die letzten drei Jahrzehnte kann man noch hinzufügen, dass steigende Ungleichheit in den entwickelten Industrienationen, anwachsende politische Polarisierung, die Destabilisierung und Delegitimierung von Institutionen sowie die Beschleunigung der Klimakrise diese Widersprüche nicht nur zu Tage gebracht, sondern historisch wirkmächtig gemacht haben. Die transformative Kraft und Dynamik der neoliberalen Globalisierung konnten sie kurzzeitig kaschieren, waren aber nicht in der Lage, dauerhaft stabile Identitätsmuster zu schaffen. Die gegenwärtige Fragmentierung und Volatilität politischer Systeme auf der ganzen Welt demonstrieren die Entkernung des marktzivilisatorischen Identitätsprojekts angesichts sich zuspitzender Krisen und Konflikte. Dass viele der politischen und ökonomischen harten Einschnitte ausgerechnet von nominell linken und sozialdemokratischen Parteien durchgesetzt wurden, intensiviert die existierenden Entfremdungsdynamiken zusätzlich.[20]

Ich sehe die Unabgeschlossenheit und Widersprüchlichkeit des neoliberalen Identitätsprojekts als maßgeblich prägend für die Politik und Ideologie des Übergangs zu einer geoökonomischen Ordnung. Da diese Veränderungen nicht einer klaren Pendelbewegung weg vom neoliberalen »Markt« hin zu einem geopolitischen »Staat« folgen, ist die Herausbildung potenzieller neuer Identitäts- und Ideologieprojekte ebenso widersprüchlich und fragmentiert. Man könnte also Latours Gedanken dahingehend paraphrasieren und ergänzen, dass wir niemals neoliberal gewesen sind, da das neoliberale Identitätsprojekt an den eigenen Widersprüchen letztlich gescheitert ist. Gleichzeitig hat der Umstand, dass dieses Projekt unabgeschlossen und widersprüchlich war, gewichtige Folgen für unsere Gegenwart und Zukunft. Die politischen Ideen, die an die Stelle des neoliberalen Identitätsprojekts treten, bauen auf diesen Problemen auf und bestimmen in hohem Maße die Zukunft globaler Politik. Um die aufkeimende geoökonomische Ordnung zu verstehen, ist ein Blick auf unsere gegenwärtige politische Lage also unabdingbar.

Politik und Ideologie in geoökonomischen Zeiten

Als Donald Trump im November 2024 zum zweiten Mal die amerikanischen Präsidentschaftswahlen gewann, breitete sich unter seinen Gegnern und Kritikern schnell Ratlosigkeit aus. Neben Trumps allseits bekannten charakterlichen Schwächen und kriminellem Ballast wurde oft auch der »falsche Populismus« (*fake populism*) des Milliardärs kritisiert: Rhetorisch stellt sich Trump auf die Seite der »vergessenen« Amerikaner, vor allem der Arbeiterklasse und der Menschen des Mittleren Westens – seine Amtshandlungen treffen jedoch ebenjene Bevölkerungsschichten am härtesten oder vernachlässigen sie gänzlich. Die offene Lücke, die zwischen Trumps populistischem Gebaren und der Wirklichkeit klafft, ist nur schwer zu ignorieren. Sein

Versprechen, eine Mauer an der Grenze zu Mexiko zu errichten, mündete darin, dass bis Anfang des Jahres 2021 lediglich 75 der über 3200 Kilometer langen Grenze zum ersten Mal gesichert wurden.[21] Die beschworene industrielle Renaissance der USA endete 2020 mit einem Nettoverlust von 178 000 Industriearbeitsplätzen.[22] Der von Trump angekündigten Beendigung der *forever wars* standen unter anderem eine Eskalation amerikanischer Drohnenangriffe und die rasche Zunahme ziviler Opfer in Afghanistan, Syrien und Somalia gegenüber.[23] Hinzu kamen die massiven Steuersenkungen seit 2018, die Topverdiener disproportional zugutekamen und kaum für Entlastung in unteren Einkommensschichten – Trumps angeblicher Zielgruppe – sorgten. In vielerlei Hinsicht ist der Trumpismus nicht der Aufstand der Abgehängten, sondern der Sieg der Superreichen gegen die Interessen der Mehrheitsbevölkerung.[24] Angesichts dieser verheerenden Bilanz stellten konsternierte Beobachter fest, dass viele Amerikanerinnen und Amerikaner Trumps »falschen Populismus« dennoch auch 2024 wieder an der Wahlurne honorierten – trotz des nominell guten Zustands der Wirtschaft oder der tatsächlichen Politik der ersten Trump-Regierung. Die ersten Amtshandlungen der zweiten Trump-Regierung scheinen die *Fake-populism*-Vorwürfe zu bestätigen. Man denke allein schon an die Bilder der versammelten Riege der Tech-Milliardäre bei der Inauguration: Zuckerberg und Co. nahmen in den Reihen vor den Mitgliedern des Kongresses Platz. Die De-facto-

Ermächtigung eines nichtgewählten, südafrikanischen Milliardärs – Elon Musk – zur Zerschlagung des für viele abgehängte Amerikaner überlebenswichtigen administrativen Staates, inklusive wichtiger Sozialleistungen; das Versprechen noch radikalerer, billionenschwerer Steuersenkungen für die Reichsten und die finanzielle Mehrbelastung von Millionen Bürgerinnen und Bürgern durch Blanko-Zölle gegenüber den wichtigsten Handelspartnern sprechen eine deutliche Sprache.

Was erklärt den (anhaltenden) Siegeszug von »falschen« Populisten wie Trump oder dessen Vizepräsidenten J. D. Vance?[25] Ein wichtiges Element ist die Verschiebung des Verhältnisses von Ideologie und Politik in geoökonomischen Zeiten. Die Massenpolitik des frühen 20. Jahrhunderts, die in vielen westlichen Demokratien große und mächtige Volksparteien hervorbrachte, fußte seit 1945 auf der Kompromissformel des demokratischen Kapitalismus. Wahlvolk, Ideologie und Politik waren in jener Zeit relativ kongruent. Sozialdemokratische (oder sozialistische) und konservative Parteien konnten ihre Politik auf die jeweiligen demografischen Kerngruppen – Arbeiterinnen und Arbeiter, Landvolk, Beamte und so weiter – abstimmen.

Diese Kongruenz wurde mit der Krise des Nachkriegsfordismus und demografischen Veränderungen nach und nach aufgeweicht, während der neoliberalen Globalisierung aber niemals wirklich organisch neu zusammengesetzt. In einer geoökonomischen Welt werden die Widersprüche der neoliberalen Identitätsbildung nun noch einmal verstärkt und verkompliziert. Die Interessen der Wählerinnen und Wähler auf der einen und Ideologie sowie Politik auf der anderen Seite treten mehr und mehr auseinander. Besonders deutlich wurde dies beispielsweise im Zuge der auch maßgeblich von sozialdemokratischen Parteien durchgesetzten Politik der Austerität in den Jahren der Eurokrise. In den Augen vieler Menschen reduzierte diese Erfahrung die Bedeutung und das Gefühl der Wirksamkeit politischen Handelns spürbar. Die erfahrene Ohnmacht wurde zudem dadurch verstärkt, dass linkspopulistische Projekte nach der globalen Finanzkrise entweder scheiterten oder schnell an Zugkraft verloren. Dies gilt für europäische Bewegungen wie Podemos in Spanien oder Syriza in Griechenland genauso wie für die erfolglosen Bewerbungen des linken Senators Bernie Sanders um die Präsidentschaftskandidatur der Demokraten in den USA in den Jahren 2016 und 2020. Am Ende des »populistischen« Jahrzehnts der 2010er Jahre standen viele Niederlagen und die Rückkehr etablierter Kräfte in wichtige Machtpositionen zu Buche, personifiziert etwa durch Olaf Scholz in Deutschland oder Joe Biden in den USA, um nur zwei zu nennen.

Apathie, Zynismus und politische Entfremdung vermischen sich in einer geoökonomischen Welt mit dem Verlangen nach neuen Sicherheiten und Zukunftsperspektiven angesichts sich überlappender Krisen und Katastrophen. Es geht nicht allein um die Frustration mit dem politischen Status quo, sondern auch um fundamentale Fragen wie die Klimakatastrophe, Migrationsbewegungen und Geopolitik. Figuren wie Trump machen sich diese Melange zunutze. Einerseits indem sie Schuldige für die Wut, Entfremdung und Angst breiter Bevölkerungsschichten identifizieren – nämlich Migranten, sexuelle Minderheiten und progressive politische Kräfte (»Woke«). Andererseits profitieren der Trumpismus sowie große Teile des neuen Rechtspopulismus vom Zynismus und der politischen Widersprüchlichkeit der vergangenen Jahrzehnte. Politisch und ökonomisch enttäuschte und abgehängte Wählerinnen und Wähler scheinen oftmals den falschen, aber diskursiv revolutionären Populismus dem Versuch vorzuziehen, die fundamentalen Disruptionen einer geoökonomischen Wirklichkeit irgendwie technokratisch verwalten zu wollen.

Der Aufstieg des falschen Populismus ist also nicht unbedingt, wie liberale Eliten gerne behaupten, auf das Nichtwissen oder die Ignoranz oftmals weniger gebildeter Schichten zurückzuführen. Vielmehr verschmilzt die materielle, politische und kulturelle Entfremdung der neoliberalen Jahre mit den Disruptionen, Verlusten und Unsicherheiten der geoökonomischen Welt. Für seine Wähler überwiegt die revolutionäre Attitüde des falschen Populismus – der Anspruch der Erneuerung, die heraufbeschworene Zerschlagung des als untragbar empfundenen Bestehenden und die rücksichtslose diskursive Zerfleischung des vermeintlichen gesellschaftlichen Konsenses – seine fehlerhaften Problemdiagnosen und seine dokumentierte inhaltliche Substanzlosigkeit.

Ähnlich wie das neoliberale Identitätsprojekt ist der falsche Populismus widersprüchlich, fragmentiert und nur schwer als hegemoniale Einheit denkbar. Das Verhältnis von Politik und Ideologie war schon in der neoliberalen Ära dissonant. Weite Teile der Bevölkerung konnten sich in dem neoliberalen Identitätsprojekt nicht wiederfinden, das belegen beispielsweise frühe Erfolge rechtspopulistischer Parteien wie etwa der FPÖ unter Jörg Haider. In der geoökonomischen Ordnung wird diese Dissonanz noch einmal stärker und schriller und führt zu Extremerscheinungen wie dem falschen Populismus. Dieser ist nicht einfach auf falsche Wahlversprechen zu reduzieren, sondern besteht aus der völligen Entkopplung und Verdrehung politischer Positionen in ihr Gegenteil durch die handelnden Akteure. Der Trumpismus verschärft die Probleme, die er im Namen der Abgehängten zu lösen verspricht. Die mutwillige Zerstörung des administrativen Staates oder die Aushöhlung der fiskalischen Basis des Landes dienen, wenn überhaupt, der Oligarchenelite in Trumps Dunstkreis.[26]

Es ist wichtig zu betonen, dass der falsche Populismus natürlich nicht aus dem luftleeren Raum entstanden ist und auch nicht kausal auf die Geoökonomisierung von Staat und Wirtschaft zurückzuführen ist. Vielmehr bahnen sich bereits zur Hochzeit der neoliberalen Globalisierung Ende der 1990er Jahre, und dann verstärkt in den 2000er Jahren, die heutigen Erfolge rechtspopulistischer Parteien und Bewegungen in Europa und darüber hinaus an. So sprach der Rechtspopulismusforscher Cas Mudde schon 2004 vom »populistischen Zeitgeist« jener Tage.[27] Die Kritik am widersprüchlichen neoliberalen Identitätsprojekt äußerte sich in den Erfolgen von Figuren wie zunächst Pim Fortuyn und dann Geert Wilders in den Niederlanden, Jean-Marie und anschließend Marine Le Pen in Frankreich oder auch der Alternative für Deutschland (AfD). Der Großteil dieser rechtspopulistischen Herausforderungen des neoliberalen Status quo blieb zunächst auf einige Wahlerfolge begrenzt und wurde machtpolitisch eingehegt.[28] Durch die in die neoliberale Globalisierung einbrechenden Krisen verstärkten sich der Zulauf zu und die Machtposition rechtspopulistischer Parteien und sie gelangten, wie etwa in den USA ab 2016, auch in Regierungsverantwortung. Die Diagnose des »falschen« Populismus wird erst dann deutlich, wenn die entsprechenden Parteien und Bewegungen Politik tatsächlich *gestalten*. Im Falle der USA etwa bleibt vom vorgetragenen Rechtspopulismus für dessen vorgebliche Zielgruppen nicht mehr viel übrig, da die umgesetzten Politiken fast ausschließlich die Interessen von Milliardären und Wirtschaftseliten bedienen.[29] Ein Blick in die verteilungspolitischen Pläne europäischer Rechtspopulisten wie etwa der AfD spiegelt das wider.[30]

Obwohl die Geoökonomisierung internationaler Politik den falschen Populismus also nicht hervorbringt, macht sie ihn dennoch deutlicher erkennbar. Anders gesagt: Der Aufstieg des Rechtspopulismus ist zwar ein Ergebnis neoliberaler Globalisierung, seine Zuspitzung und Entblößung als falscher Populismus findet aber im widersprüchlichen Übergang zur geoökonomischen Ordnung statt. Der heutige falsche Populismus wird dabei fast ausschließlich von rechtskonservativen bis rechtsradikalen Bewegungen und Figuren getragen – was die Frage aufwirft, ob Politik in geoökonomischen Zeiten notwendigerweise einem allgemeinen Rechtsruck folgen muss oder auch andere Formen annehmen kann.

Rechtsdrall oder Anpassung an neue Realitäten?

Seit der globalen Finanzkrise wird die Liste von Regierungsbeteiligungen rechtskonservativer und rechtsextremer Parteien auf der ganzen Welt immer länger. Inzwischen sind Koalitionen mit diesen Akteuren eher die Regel als die Ausnahme. Rechte Bewegungen positionieren sich in den meisten Fällen erfolgreich als Kräfte des Wandels und geben sich den Anstrich des Revolutionären. Die AfD bekämpft die von ihr so betitelten »Altparteien«; die amerikanischen Republikaner kämpfen gegen prominente Demokraten, namenlose staatliche Bürokraten des »Deep State« und Hollywood-Eliten; und der rechtslibertäre argentinische Präsident Javier Milei will am liebsten gleich den kompletten Staat zerlegen. Die politischen und diskursiven Erfolge rechter Parteien legen die Vermutung nahe, dass das Ende des neoliberalen Zeitalters den Beginn einer reaktionären Epoche im Deckmantel revolutionärer Rhetorik einleitet.

Ob der falsche (Rechts-)Populismus sich auch tatsächlich langfristig als politisches Paradigma der geoökonomischen Ordnung etabliert, mag dennoch bezweifelt werden. Die zugrunde liegenden politökonomischen Probleme und Unwägbarkeiten wie Ungleichheit, Klimakrise, Inflation und globale Spannungen werden durch den falschen Populismus nicht gelöst, sondern, wie wir bereits heute sehen, verschärft. Es ist auch nicht so, dass es keine historisch populären Alternativen zum heutigen Rechtsruck gab, wie die Beispiele der populistischen europäischen Linken in den frühen 2010er Jahren zeigen.[31] Deren Scheitern und die zeitgleichen Zugewinne rechter Parteien in zahlreichen Ländern legen nahe, dass die Krise der neoliberalen Globalisierung und ihrer Verwerfungen anhält. Das Ergebnis sind diffuse politische Dynamiken, ohne dass die realen Probleme des demokratischen Kapitalismus eine wirksame und dauerhafte Lösung in den bewegten Jahren seit der globalen Finanzkrise fanden. Der falsche Populismus der globalen Rechten profitiert von diesem untragbaren Status quo, ohne wirksame Antworten zu bieten, geschweige denn durchzusetzen.

Der Politikökonom und Parteienforscher Jonathan Hopkin nennt das Phänomen, das aus der Krise des demokratischen Kapitalismus erwachsen ist, »Anti-System-Politik«.[32] Er führt den Erfolg sowohl rechter als auch linker Populisten auf die Verengung der politischen Optionen zurück, die Mainstream-Parteien als Antworten auf die neoliberale Globalisierung gaben. Sowohl konservative als auch sozialdemokratische (Volks-) Parteien hätten sich demnach einem politischen Zentrismus hingegeben, der globale Märkte als maßgeblich und wichtige politische Unterschiede als nebensächlich erachtete, und zwar in so gut wie allen wichtigen Themen von der Migration bis hin zur Steuer- und Handelspolitik. Die Idee einer »marktkonformen Demokratie«, die Angela Merkel zugeschrieben wird, fängt diese Haltung sehr gut ein. Eine solche Demokratie kann aber nur auf Zeit bestehen. Sie erzeugt populären Widerstand, der sich antisystemisch äußert. Der politische Dissens, der in vielen Fällen bei einzelnen Themen wie Migration, Eurorettung (in Deutschland) oder Sozialpolitik begann, braute sich in vielen Industriestaaten zu einem regelrechten antisystemischen Tsunami zusammen. Der temporäre Ausdruck dieses breiten Dissenses ist der (falsche) Rechtspopulismus.

Doch, wie auch Hopkin zeigt, hat Anti-System-Politik stets eine progressive, kritische und substanziellere Seite. Viele linkspopulistische Bewegungen in Europa und darüber hinaus sprachen ebenjene Faktoren an, die zur Krise des demokratischen Kapitalismus geführt hatten. Sie geißelten den ungezügelten Freihandel, neoliberale Sozialpolitik, Deregulierung und eine Steuerpolitik, die Wohlhabende und multinationale Konzerne begünstigte. Die Unwilligkeit etablierter linker Parteien, diese Forderungen aufzunehmen und mit dem neoliberalen Konsens zu brechen, ebnete den Weg für den heute dominanten Rechtspopulismus. Dessen Kritik an der neoliberalen Globalisierung klingt zwar ähnlich, doch sieht er die Ursachen für die Verwerfungen in der Migration (oder genauer: »den Migranten«) und einer globalistischen Verschwörung.

Die Politik der geoökonomischen Ordnung besteht also in der Ablehnung der neoliberalen Globalisierung mit ihren negativen Folgen und äußert sich momentan in einem Rechtsdrall. Die Rückkehr eines demokratischen Zentristen ins Weiße Haus (Joe Biden), der Wahlsieg eines ehemaligen Verfechters des neoliberalen Schwenks der deutschen Sozialdemokratie (Olaf Scholz) oder das vorläufige politische Überleben des »letzten Neoliberalen« in Frankreich (Emmanuel Macron)[33] hätten Anfang der 2020er Jahre wie eine Abrechnung mit dem neuen Rechtspopulismus interpretiert werden können. Doch nur eine Wahlperiode später sind die reaktionären Kräfte in allen Industriestaaten zurück, und oftmals politisch stärker und einflussreicher als jemals zuvor. Die extreme elektorale Volatilität legt nahe, dass der falsche Rechtspopulismus weder die natürliche Form der Politik in geoökonomischen Zeiten darstellt noch ein vorübergehendes Phänomen ist. Solange die strukturellen Treiber antisystemischer Politik wirkmächtig sind, werden Volatilität und Krisenhaftigkeit die Geburt der geoökonomischen Ordnung entscheidend prägen.

Man kann – und viele Autorinnen und Autoren haben genau das getan – auf den Begriff »Interregnum« des marxistischen Theoretikers Antonio Gramsci zurückgreifen, um unsere Gegenwart zu beschreiben. Gramsci selbst hatte damit die turbulente Zwischenkriegsperiode im frühen 20. Jahrhundert bezeichnet. Phasen wie diese sind deshalb schwierig zu analysieren, weil sie keine stabilen politischen Konfigurationen hervorbringen und Versatzstücke der alten sowie der neuen Ordnung enthalten. Politik und Ideologie sind in diesen Zeiten besonders widersprüchlich und dynamisch – sie gebären »morbide Symptome«, wie Gramsci sich ausdrückte. Der offensichtlich falsche, aber dennoch an der Wahlurne erfolgreiche Rechtspopulismus ist ein Paradebeispiel eines solchen Symptoms.

Ich vertrete hier also die Auffassung, dass Politik und Ideologie in geoökonomischen Zeiten eine instabile und offene Anpassung an sich rapide verändernde Realitäten in der globalen politischen Ökonomie reflektieren. Drei wichtige Entwicklungen sprechen für die fortgesetzte Volatilität und Unabgeschlossenheit politischer Projekte im geoökonomischen Interregnum. Erstens sind die ideologisch überzeugten Verfechter der neoliberalen Ordnung beinahe vollständig verschwunden oder machtpolitisch dezimiert. Verglichen mit den drei Jahrzehnten nach dem Ende des Kalten Krieges sprechen Politiker und Entscheidungsträger heutzutage deutlich anders über das Verhältnis von Markt und Staat. Typisch neoliberale Ideen wie die Senkung von Unternehmenssteuern, der Rückbau von Wohlfahrtsstaaten oder die Unterordnung demokratischer Prinzipien zugunsten globaler Märkte werden zwar noch vereinzelt vertreten, aber kaum noch als kohärentes Wahlprogramm vorgetragen. Ebenso saßen bis zur Mitte des letzten Jahrzehnts überzeugte neoliberale politische Kräfte in wichtigen Industriestaaten wie Deutschland, den USA und Großbritannien an den Hebeln der Macht. Wo noch vereinzelte Stimmen mehr einen schlanken Staat oder vertiefte globale ökonomische Integration fordern, sind sie diskursiv und machttechnisch schon nicht mehr bestimmend. Der Wahlkampf zur Bundestagswahl 2025 verdeutlicht diesen Wandel. Die noch am ehesten mit neoliberalen Kernbotschaften angetretene FDP flog aus dem Parlament. Und Kritik an der schwindenden deutschen »Wettbewerbsfähigkeit«, etwa vom Unions-Kanzlerkandidaten Friedrich Merz, wurde von anderen Themen überlagert. So kam das Wort »Sicherheit« im Wahlprogramm der Union von 2025 fast drei Mal so oft vor wie der Ausdruck »Wettbewerb«.[34] 2005 war »Wettbewerb« noch 1,25 Mal häufiger als »Sicherheit« vorgekommen.[35]

Die Konfrontation mit einem kohärenten Weltbild, das ideologische Überzeugungen und politische Macht kombiniert, wäre aber für die Herausbildung eines überlebensfähigen postneoliberalen Projekts wichtig. Ohne eine klare inhaltliche Auseinandersetzung mit den entsprechenden Politikinhalten und ihren Vertretern ist eine Reifung politischer Identitäten schwer zu bewerkstelligen. Statt inhaltlicher Reibung betreibt die globale Politik oft eine Art Schattenboxen. Kulturelle Randthemen und aufgebauschte Identitätspolitik ersetzen das Ringen um »harte« Themen wie Wirtschafts- und Sozialpolitik, die Energiewende oder Bürgerrechte. Der Ideenhistoriker Anton Jäger hat dieses Phänomen als »Hyperpolitik« bezeichnet.[36] Der Eifer, mit dem eigene Positionen vorgetragen und vermeintliche Gegner attackiert werden, findet keine Entsprechung in einer politischen Mobilisierung. Jäger beschreibt diesen Zustand passend als eine »Politisierung ohne politische Folgen«.

Ein wesentlicher Grund für diese Situation ist nach meinem Dafürhalten eben auch das Ausbleiben einer neoliberalen Antwort auf die populistische Herausforderung in geoökonomischen Zeiten. Diese wurde nicht nur durch den Niedergang entsprechender politischer Kräfte verunmöglicht. In vielen Fällen verschoben sich die Positionen etablierter Parteien und Bewegungen weg von neoliberaler Angebotsorientierung hin zu geoökonomischen Themen wie nationale Sicherheit, Industriepolitik oder die Sicherung von Lieferketten. Die Entscheidungen in den vergangenen Jahrzehnten sind mitverantwortlich für die Probleme von heute wie Ungleichheit, die Klimakatastrophe oder globale Spannungen. Doch eine direkte Auseinandersetzungen mit den Vertretern dieser vergangenen Politik ist kaum möglich. Es gibt sie (fast) nicht mehr.[37]

Dieses De-facto-Verschwinden neoliberaler Politikerinnen und Politiker und der entsprechenden Plattformen bedeutet natürlich nicht, dass bestimmte Inhalte ebenfalls irrelevant werden. Der »falsche« Rechtspopulismus etwa ist voll davon. Die AfD oder die Republikanische Partei sind mindestens ebenso kritisch gegenüber dem Sozialstaat wie ihre neoliberalen Vorgänger. In vielerlei Hinsicht, beispielsweise bei der Frage von Unternehmensbesteuerung, Erbschaftssteuerrecht oder der Rolle des Staates in der Wirtschaft, sind manche Rechtspopulisten sogar weitaus extremer, als neoliberale Politiker es jemals waren. Libertäre Vertreter wie Javier Milei treiben die Ideen originaler neoliberaler Denker wie Hayek oder Mises auf die Spitze, indem sie ganze Staatsapparate auflösen und harte ökonomische Schocktherapien vorschlagen und durchführen. An dieser Stelle ist es wichtig, sich noch einmal die Unterscheidung aus der Einleitung zwischen dem Neoliberalismus als Machtstrategie und neoliberaler Ideologie in Erinnerung zu rufen. Die libertären Auswüchse wie in Argentinien oder wie man sie in den USA unter dem Einfluss Elon Musks bereits beobachten kann, sind nicht dasselbe wie eine neoliberale Politikvision, die strategisch klug und selektiv Staatsmacht zu politischen Zwecken einsetzt. Das neoliberale *encasement* von Wirtschaftspolitik, um diese vor demokratischer Einflussnahme und Volatilität zu schützen, hat strategisch wenig mit dem politischen Vorschlaghammer – bzw. der Kettensäge – heutiger libertärer Politiker zu tun.

Zum Ausbleiben einer echten Politisierung postneoliberaler Projekte gesellt sich, zweitens, die relative Unattraktivität alternativer Weltordnungs- und Identitätsprojekte. Die neoliberale Globalisierung lebte wesentlich von der Anziehungskraft des American Way of Life auf Milliarden Menschen überall auf der Erde. Die unipolare Ordnung nach dem Ende des Kalten Krieges wurde auch durch die Präsenz und Wirkmächtigkeit amerikanischer Kultur und den Verlockungen des globalen (amerikanischen) Kapitalismus genährt. Der endgültige Siegeszug der Massenmedien und des Internets verstärkte diese Allgegenwärtigkeit über die westliche Welt hinaus. Die (relative) Offenheit der Vereinigten Staaten für Migration und die Möglichkeit, innerhalb kurzer Zeit ein Teil der wohlhabendsten Demokratie der Welt zu werden, hoben das Land international heraus.

Natürlich ist dieses ausschließlich positive Bild der Vereinigten Staaten nur eine Seite einer imperialen, weltordnenden Macht. Dennoch hilft diese übertriebene Vorstellung von den USA – und die dadurch entstehende Opposition auf der ganzen Welt –, das globale politische Koordinatensystem jener Zeit zu erklären. Am Ende des »amerikanischen Jahrhunderts« und im Übergang zu einer postneoliberalen Ordnung erscheinen die Alternativen zur einstigen Verheißung Amerikas nicht sehr attraktiv, und die USA selbst versinken seit mehr als einem Jahrzehnt in einem Strudel aus politischem, globalem, wirtschaftlichem und kulturellem

Chaos. Die xenophoben, staatszersetzenden und selbstzerstörerischen ersten Wochen der zweiten Amtszeit Trumps erinnern nur noch vage an die Vereinigten Staaten auf dem Zenit ihrer Macht um die Jahrtausendwende.

Zwar mögen einige politisch frustrierte Wähler in westlichen Demokratien hegemoniale Herausforderer wie China oder Russland als wünschenswerte Modelle ansehen. Global betrachtet bilden sie jedoch eine Minderheit. Die Volksrepublik etwa hat trotz wirtschaftlicher Wunderleistungen kaum eine der USA vergleichbare Anziehungskraft entwickeln können. Im Gegensatz zu den Vereinigten Staaten in der neoliberalen Ära ist China eben kein weltoffenes Einwanderungsland. Die autoritäre Alleinherrschaft der Kommunistischen Partei mag zwar effizient und ein entwicklungspolitischer Erfolg gewesen sein. Große normative Strahlkraft entfaltete sie bisher aber eher nicht.

Trotz Chinas rasantem wirtschaftlichen Aufstieg werden noch immer gut zwei Drittel des globalen Bruttoinlandsprodukts in Demokratien erzeugt, die aber nur eine Minderheit der globalen Bevölkerung beherbergen. Die Herausbildung eines weltumspannenden, attraktiven und mit anderen Großmächten kongruenten ideologischen Identitätsprojekts chinesischer Prägung wird daher gemeinhin als unrealistisch angesehen.[38] Ohne ein solches Projekt bleiben aber die Alternativen zum postneoliberalen Interregnum, in dem wir uns zurzeit befinden, aus. Die Herausbildung einer stabilen globalen Ordnung in einer geoökonomischen Welt bleibt ohne attraktive Alternativen eine Illusion.

Drittens erschweren der menschengemachte Klimawandel und die damit verbundenen ökologischen Katastrophen die rasche Neuordnung und Stabilisierung politischer Kräfte auf globaler Ebene. Anders als zunehmende Ungleichheit, Diskriminierung oder selbst Kriege ist der Klimawandel unumkehrbar. Folgende Generationen können eine Erderwärmung von 1,5 Grad Celsius oder mehr und die damit einhergehenden Folgen nicht einfach rückgängig machen. Diskriminierende Gesetzgebung oder Kriege können durch politischen Willen abgeschafft bzw. beendet werden, Veränderungen des Erdklimas können hingegen nur über lange Zeiträume abgemildert werden – wenn überhaupt. Daher verschiebt der Klimawandel nicht nur den politischen Zeithorizont von Jahren auf Jahrhunderte, sondern verändert auch Verteilungskonflikte und deren ideologischen und politischen Unterbau fundamental. Die Politikwissenschaftler Jeff Colgan, Jessica Green und Thomas Hale beschreiben die politische Ökonomie des Klimawandels daher als »existenziell«.

Lange wurde »das Klima« als eines von vielen Themen in der globalen politischen Auseinandersetzung behandelt. Doch das täuscht über das hinweg, was auf dem Spiel steht. Die Individuen, Gruppen und Staaten, die von einem veränderten Klima besonders betroffen sind, und die, die besonders profitieren, werden ihre politischen Präferenzen in einer sich rasant verändernden Umwelt an diese Tatsachen anpassen müssen.[39] So haben Petrostaaten wie Saudi-Arabien, deren Wohlstand durch Dekarbonisierung massiv bedroht wird, andere Präferenzen als ihre traditionellen Verbündeten wie die USA, die nicht unbedingt auf den Verkauf fossiler Brennstoffe angewiesen sind. Eigentümer von durch den Klimawandel bedrohten Vermögenswerten – wie etwa Immobilien oder Patenten – werden ihre Politik an die Realität von Überschwemmungen und anderen Katastrophen anpassen müssen. Ebenso werden manche Staaten und Gruppen unter Dürren und Fluchtbewegungen leiden, während andere von der Verfügbarkeit von neuem Ackerland (etwa in Sibirien) profitieren werden. Diese Liste ließe sich fortsetzen. Im Kern geht es darum, dass die Reevaluierung von Vermögenswerten und politischer Allianzen durch den Klimawandel so fundamental ist, dass ein geordneter Übergang in eine stabile globale Ordnung nach der neoliberalen Globalisierung nicht realistisch erscheint.

Die Realität des Klimawandels, der ökonomische und politische Koordinaten verschiebt, alles Ständische und Stehende in Fluten und Rauch auflöst, trifft dabei nicht gerade auf eine resiliente globale politische Ordnung. Diejenigen politischen Präferenzen und Allianzen, die noch die neoliberale Ära geprägt haben, werden bereits durch andere, nicht unbedingt auf den Klimawandel zurückzuführende Gründe stark in Mitleidenschaft gezogen. So ist etwa die transatlantische Zusammenarbeit, ein wesentlicher Motor der Globalisierung, seit der erneuten Wahl Donald Trumps akut gefährdet. Zugleich gehen tiefe Risse durch die EU, sei es infolge der Eurokrise, von Migrationsbewegungen oder aufgrund der Etablierung autoritärer Strukturen in einzelnen Mitgliedsländern. Klimakatastrophen destabilisieren somit eine bereits fragile Weltwirtschaft und sorgen für zusätzliche politische Verwerfungen.

Covid, Inflation, Krisen

Die Geschichte des noch jungen 21. Jahrhunderts könnte im Grunde als eine Aneinanderreihung politökonomischer Krisen erzählt werden. Vom Platzen der Dotcom-Blase und den Terroranschlägen vom 11. September 2001 über die Angriffskriege der USA gegen Afghanistan und den Irak, die globale Finanzkrise 2008 und die sogenannte europäische Staatsschuldenkrise der Jahre 2010 bis 2012 bis hin zum Brexit und der ersten Wahl Trumps, den Covid- und Inflationskrisen und schließlich dem Ukrainekrieg und der zweiten Wahl Trumps 2024. Ein Merkmal der Geoökonomisierung globaler Ordnung ist die zeitliche Verdichtung von Krisen und deren Überlappung. Die Episoden bis um etwa 2016 herum haben sich zwar gegenseitig bedingt, waren aber einigermaßen voneinander abgrenzbar und standen in einer logischen zeitlichen Abfolge.[40] Die Krisen der letzten Jahre, von der Pandemie über die Inflation bis hin zur Rückkehr des Territorialkrieges nach Europa, sind aber in den Worten der Ökonomin Isabella M. Weber sich »überlappende Notlagen«.[41] Die Gleichzeitigkeit von Krisen und deren gegenseitige Verstärkung verunmöglichen politische Stabilität, die jahrzehntelang die Grundlage für politisches Handeln darstellte. In der Folge nimmt die politische Volatilität zu, und eine negative Rückkopplungsdynamik entsteht. Die durch Krisen hervorgerufenen Destabilisierungstendenzen werden durch Volatilität bei Wahlen und innerhalb von Parteiensystemen verstärkt und nicht befriedet. Daher ist es sehr unwahrscheinlich, dass die tiefe Krise der vergehenden globalen Ordnung von denjenigen Kräften gelöst wird, die diese Ordnung am ehesten repräsentiert haben. Anti-System-Politik ist keine irrationale Verirrung von Wählerschichten, sondern eine Manifestation dieser fundamentalen, sich überlappenden Krisen.

Was bedeutet das für die Aussicht auf effektives politisches Handeln? Wie steht es um die Möglichkeit, mittel- bis langfristige, für den Fortbestand der Demokratie essenzielle politische Projekte wie etwa die Energiewende, die Reduzierung von Ungleichheit oder die Linderung der allgegenwärtigen Wohnraumkrise in den OSZE-Ländern voranzubringen? Unter den krisenbehafteten, aber doch relativ stabilen Verhältnissen der neoliberalen Globalisierung wären – wie auch immer geartete – Lösungen eine Frage politischer Kämpfe und Aushandlungsprozesse gewesen. Im Übergang zur geoökonomischen Ordnung aber, inmitten multipler globaler Krisen, wird effektives politisches Handeln massiv erschwert. Gravierende Disruptionen in den internationalen Beziehungen wie etwa der Brexit oder der russische Angriffskrieg verursachen und treffen auf fundamentale nationale Veränderungen, wie etwa die Rückkehr der Inflation oder Fluchtbewegungen, die sowohl den politischen Diskurs als auch die politische Landschaft innerhalb kurzer Zeit umkrempeln. Die langwierige und mühevolle Mobilisierung von Mehrheiten in (westlichen) Demokratien für bestimmte Projekte wird durch diese Überlappungen unterbrochen und oft unmöglich gemacht. Alte Sicherheiten wie beispielsweise die relative Stabilität der Außenpolitik von NATO-Staaten werden durch die Wahlerfolge von Anti-System-Parteien von der Realität eingeholt. Und die Vorstellung, dass politische Mehrheiten auf stabilen Koalitionen zwischen bekannten und erforschbaren Interessengruppen beruhen, erscheint angesichts der extremen politischen Volatilität der letzten Jahre zumindest fragwürdig. Effektives politisches Handeln kann in einer krisengeplagten Welt im Übergang zur geoökonomischen Ordnung nur bedingt stattfinden.

Diese Schwierigkeiten lassen sich empirisch anhand der Auswirkungen der Energie- und Inflationsschocks der letzten drei Jahre gut nachzeichnen. Das endgültige Ende der russischen Gaslieferungen nach Deutschland im August 2022 ist ein typisch geoökonomisches Phänomen. Die Instrumentalisierung transnationaler Infrastrukturen durch das russische Staatsunternehmen

Gazprom folgte auf eine lange und erbittert geführte Debatte im Frühjahr 2022 über den richtigen Umgang mit russischem Gas angesichts des Krieges gegen die Ukraine. Befürworter eines sofortigen Einfuhrstopps auf deutscher Seite sprachen von kalkulierbaren wirtschaftlichen Einbußen, während die Skeptiker vor Szenarien wie Massenarbeitslosigkeit und Deindustrialisierung der deutschen Wirtschaft warnten.[42] Der abrupte Lieferstopp durch Gazprom schuf schließlich Fakten und führte die Problematik politischen Handelns unter geoökonomischen Bedingungen vor Augen. Der folgende makroökonomische und energiepolitische Schock wurde durch viel politischen Aufwand bearbeitet und größtenteils abgefedert. Die Ampelkoalition setzte unter anderem eine Gaspreisbremse ein, subventionierte den Verbrauch energieintensiver Unternehmen und unterstützte angeschlagene Firmen direkt, etwa den bankrotten Gasimporteur Uniper. Folglich blieb die befürchtete Deindustrialisierung durch den Energieschock aus. Rekordbeschäftigung, eine Erholung der Industrieproduktion nach Covid und stabile Leistungsbilanzüberschüsse in 2023 sprechen eine deutliche Sprache.[43] Etwaige strukturelle Probleme der deutschen Exportwirtschaft, die in einer geoökonomischen Welt noch prägnanter werden, sowie die sich zeitgleich aufbauende (globale) Inflation haben wenig mit diesem Schock und dessen Bearbeitung zu tun.

Die Krisenbekämpfung der Bundesregierung fand also unter widrigen Umständen statt. Obwohl Befürchtungen und Horrorszenarien wie Massenarbeitslosigkeit oder leere Gasspeicher im Winter 2022/23 sich nicht bewahrheiteten, erlebten die regierenden Parteien und Funktionäre eine regelrechte Implosion ihrer öffentlichen Bewertung. Konnten die drei Ampelparteien in Umfragen Anfang 2022 noch eine bequeme Mehrheit verbuchen, fielen ihre Werte in der Folge rapide ab. Mitte 2023 wurde zum ersten Mal die AfD die zweitstärkste Partei in der vom Magazin *Politico* berechneten *poll of polls* (also einer Zusammenfassung existierender Umfragen). Kurz vor dem Scheitern der Koalition Ende 2024 hatten sich die gesammelten Umfragewerte für die Regierungsparteien beinahe halbiert (von 53 Prozent im Januar 2022 auf 31 Prozent im November 2024). Neben vielen anderen Faktoren spielte die Krisenbearbeitung der Ampel eine überragende Rolle im politischen, medialen und öffentlichen Diskurs. Vom Vorwurf einer »grünen« Ideologiepolitik in Bezug auf die endgültige Abschaltung der letzten Atommeiler Anfang 2023 über scharfe Kritik an der vermeintlichen Schuld der Regierung bezüglich des Lieferstopps »billigen« russischen Gases bis hin zur monatelangen Kontroverse um die Novelle des Gebäudeenergiegesetzes (auch »Heizungsgesetz« genannt) verlor das Krisenmanagement stetig an Rückhalt in der Bevölkerung. Die Zufriedenheit mit der Bundesregierung fiel seit Beginn des Ukrainekrieges fortlaufend und erreichte im September 2024 im ARD-Deutschlandtrend einen Negativrekord von lediglich 16 Prozent.[44]

Selbst wenn man kritisch auf die von der Regierung präferierte Lösungsstrategie blickt, z. B. mit Bezug auf ihre Verteilungswirkung und langfristigen Effekte, bleibt dennoch ein Auseinanderklaffen von Wirklichkeit und politischer Bewertung. Diese Lücke wird selbst durch den Fakt, dass die Krisenbearbeitung natürlich nicht der alleinige Grund für das Scheitern der Ampelregierung ist, nicht hinreichend erklärt. Ein wichtiger Mechanismus ist aus meiner Sicht, dass sich die eingeübten Verhaltensmuster innerhalb kapitalistischer Demokratien noch nicht an die neue Realität politischen Handelns unter geoökonomischen Bedingungen angepasst haben. Ob ein politisches System funktional ist, bemisst sich für Bürgerinnen und Bürger in kapitalistischen Demokratien zu einem wesentlichen Teil daran, inwiefern eine Regierung zu einer (wahrgenommenen) Verbesserung oder jedenfalls zu keiner Verschlechterung der jeweiligen sozioökonomischen Lage beiträgt. Obwohl wirtschaftliche Überlegungen natürlich nicht der einzige Maßstab politischen Handelns sind, sind sie jedoch ein fundamentaler Baustein kapitalistischer Demokratien. Die Akzeptanz von Marktrisiken, negativen Externalitäten sowie Marktversagen wird auf individueller und gesellschaftlicher Ebene durch die Aussicht auf Wachstum und Wohlstandsgewinne »erkauft«.[45] Die Abfolge und Überlappung verschiedener Krisenepisoden in den vergangenen Jahren – von der Covid-19-Pandemie über die Inflationskrise und den Ukrainekrieg – machen ein aus dieser Perspektive »gutes«

Regieren wie in vorgeoökonomischen Zeiten beinahe unmöglich. Die sicherheits- und wirtschaftspolitischen Verwerfungen der letzten fünf Jahre allein stellen eine seit Jahrzehnten ungekannte Herausforderung für politisches Handeln im globalen Kontext dar.

Die politischen und medialen Systeme westeuropäischer Staaten funktionieren im Kern aber noch nach den eingeübten Verhaltensmustern liberaler, kapitalistischer Demokratien. Das bedeutet: Wenn Regierungen nicht »liefern«, werden sie abgewählt – doch was bedeutet »liefern« in einer von wirtschaftspolitischen Unwägbarkeiten, energiepolitischen Schocks und sicherheitspolitischen Krisen geprägten Welt? Als Minimalanforderung könnte man etwa formulieren, dass Politik in einer geoökonomischen Welt funktional ist, wenn sie Gesellschaften wirtschaftlich, sozial oder sicherheitspolitisch resilienter gegen Kriseneinschläge macht. Dies wäre eine faktische Abkehr von der politischen Kernformel des demokratischen Kapitalismus, wie sie seit Ende des Zweiten Weltkrieges, durch politische Mutationen hindurch, in reichen westlichen Demokratien Gültigkeit hat. Zugegebenermaßen ist diese alternative Formel sehr minimalistisch und als politisches Projekt auf den ersten Blick wenig attraktiv. Sie könnte als eine Kapitulation vor einer unwägbaren neuen Realität oder als Selbstlimitierung politischen Handelns gelesen werden. Dieser Vorschlag ist daher keine Positionierung meinerseits – und ich will auch Politik nicht aus der Verantwortung lassen, das Leben von Bürgerinnen und Bürgern zu verbessern oder auf deren Forderungen einzugehen. Eine solche Formulierung kann eher als Denkanstoß dienen, um das Verhältnis von Politik und Ideologie in geoökonomischen Zeiten neu auszutarieren. Debatten um die Maßstäbe, die Möglichkeiten und Limitationen politischen Handelns in einer neuen globalen Ordnung sind wichtig, um die Machbarkeit politischer Projekte unter geoökonomischen Bedingungen besser zu verstehen.

Das Beispiel der deutschen Energie- und Inflationsdebatte zeigt, dass allein die zwar effektive, aber letzten Endes doch technokratische und schlecht kommunizierte Krisenbehandlung kaum populären Anklang findet. Ähnliche Tendenzen konnte man auch im US-amerikanischen Wahlkampf 2024 beobachten. Die Präsidentschaft Joe Bidens war in vielerlei Hinsicht die sozial- und wirtschaftspolitisch progressivste der letzten Jahrzehnte. Die Verabschiedung von industriepolitischen Meilensteinen wie dem Inflation Reduction Act oder des CHIPS Act wären unter vorigen demokratischen, geschweige denn republikanischen Regierungen undenkbar gewesen. Gleichzeitig haftete, zunächst an Biden und später an der erfolglosen demokratischen Kandidatin Kamala Harris, eine Aura von Technokratie, Zentrismus und inkrementellen Verbesserungen einer in sich zusammenfallenden neoliberalen Ordnung. Sowohl die deutsche Ampelregierung als auch Biden legten die Grundlagen für wichtige, mittel- bis langfristige Transformationsprojekte etwa in der Klima- oder

Industriepolitik. Ihre jeweiligen Niederlagen gefährden jedoch die Fortsetzung dieser Projekte akut. Die Präsidentschaft Donald Trumps droht bereits zu Beginn eine klimapolitische Vollbremsung zu werden, wie der erneute Ausstieg aus dem Pariser Klimaabkommen belegt. Somit sind unter geoökonomischen Bedingungen objektiv notwendige Transformationsprojekte, die mittel- bis langfristig ihre Wirkung entfalten sollen, kaum noch politisch vermittelbar – jedenfalls nicht in ihrer technokratisch-zentristischen Hülle, wie sie in neoliberalen Zeiten noch funktionierte.

Bedeutet Geoökonomie die Rückkehr des Staates oder der Politik?

Wenn wir also, mit Latour gesprochen, niemals neoliberal waren und es in geoökonomischen Zeiten auch nicht mehr werden, welche politischen und ideologischen Projekte können dann in einer unsicheren, volatilen Welt bestehen? Ich habe argumentiert, dass der (falsche) Rechtspopulismus nicht die zwangsläufige Form der Politik in einer geoökonomisch geprägten Welt sein muss. Viele Beobachterinnen und Beobachter führen daher auch die Rückwendung von Bevölkerungen zum »Staat« als politisches Leitmotiv in Krisenzeiten an.[46] Sowohl rechte als auch eher progressive Alternativen zur neoliberalen Globalisierung können sich in einer solchen Version des Postneoliberalismus wiederfinden. Erstere betonen den ökonomischen Protektionismus und die Sicherung von Grenzen und nationaler Souveränität; während Letztere den Bruch mit der neoliberalen Globalisierung und die Rückkehr zu Demokratie und weniger Ungleichheit fordern. Der Staat, wie auch immer verstanden, fungiert dabei sowohl als Bezugspunkt historischer Vergleiche wie auch als Projektionsfläche einer anderen, nichtneoliberalen Zukunft.

Ich habe bereits zu Beginn die Reduktion des geoökonomischen Zeitenwandels auf »mehr Staat« nach einer Phase von »mehr Markt« als falsche oder zumindest vereinfachte Analyse kritisiert. Dieses Argument greift auch in der Frage nach Politik und Ideologie. Vieles von dem, was wir gegenwärtig politisch beobachten, ist nicht auf die Formel der Rückkehr zum Staat – oder des Staates – reduzierbar. Natürlich bleibt die Staatsform *der* zentrale Bezugspunkt politischer Auseinandersetzungen in der Moderne. Und sowohl die neoliberale Globalisierung als auch die geoökonomische Ordnung sind staatstheoretisch unterfütterte Konzepte. Jedoch sind die hier erörterten politischen Dynamiken viel diffuser und breiter, als die Markt-gegen-Staat-Interpretation zulässt. Die von vielen konstatierte Wut und Erregung über ökonomische und politische Zustände wendet sich oft genug auch *gegen* den Staat – wie man etwa während der Bauernproteste in Deutschland oder der Gelbwestenproteste in Frankreich sehen konnte.

Die geoökonomische Zeitenwende sorgt nach meinem Dafürhalten eher für eine Rückkehr der *Politik* als nur des Staates. Das Chaos der zerfallenden neoliberalen Ordnung und die damit verbundene mediale Geräuschkulisse verzerrt den klaren Blick darauf, dass wir uns in sehr politischen Zeiten befinden. Natürlich ist vieles von dem, was wir momentan sehen, eine Spielart der von Anton Jäger beschriebenen »Hyperpolitisierung« – also einer »Politisierung ohne politische Folgen«. Doch wir sollten nicht vergessen, dass die letzte wirklich wirksame Politisierung und Integration breiter Massen in ideologische Großprojekte in der OSZE-Welt sehr lange her ist. Spätestens seit den frühen 1980er Jahren hat das Auseinanderdriften von Politik, Ideologie und Gesellschaft durch widersprüchliche, unpopuläre und letztlich unhaltbare Projekte wie die neoliberale »Marktzivilisation« stetig zugenommen. Beinahe zwei Generationen in den reichen kapitalistischen Demokratien des Westens sind in einer Welt politisch sozialisiert worden, die nur wenige attraktive und populäre politische Projekte zu bieten hatte. Der Umstand, dass wir niemals wirklich neoliberal waren, sowie die Krisenhaftigkeit des Übergangs in eine geoökonomische Ordnung spielen eine wesentliche Rolle in der heutigen (chaotischen) Politisierung.

Nach meiner Einschätzung sind die hyperpolitische und rechtspopulistische Politisierung eine Momentaufnahme. Offensichtlich kann das Absterben der neoliberalen Ordnung nicht durch ein fertiges hegemoniales Projekt ersetzt werden. Dieses muss organisch entstehen. Wir befinden uns in einem solchen Prozess, der noch eine lange Zeit von all den Krisen und Konflikten geprägt sein wird, die ich hier beschrieben habe. Doch die Natur von Interregna ist auch, dass sie irgendwann enden. Die gegenwärtige Rückkehr der Politik als existenzielle Frage – nämlich, wie wir in einer geoökonomischen Welt leben wollen – ist die Bedingung für einen Ausgang aus unserem Interregnum. Dieser Ausgang wird durch ein hegemoniales, global wirksames politisches Projekt erfolgen, dessen Umrisse erst noch sichtbar werden müssen. Dies wird in jedem Fall durch das geoökonomische Zusammenspiel von Interdependenz und Konfrontation, nationaler und internationaler Politik und von Markt und Staat erfolgen.

5
Eine neue Zeitrechnung

Das Ende des Endes der Geschichte

Mitten in den Wirren der Covidlockdowns, aber noch vor dem Angriffskrieg auf die Ukraine veröffentlichte das Team des Podcasts »Aufhebunga Bunga« ein Buch mit dem Titel *The End of the End of History*[1] – eine Anspielung auf *The End of History and the Last Man* des amerikanischen Politologen Francis Fukuyama, das drei Jahrzehnte zuvor zum Bestseller geworden war.[2] Nach dem Zusammenbruch der Sowjetunion, so Fukuyama, markiere die liberale Demokratie die ideologische Endform menschlicher Entwicklung. Ohne systemische Rivalen werde sich die neoliberale Globalisierung nun als weltweite Ordnung durchsetzen. Zwar bliebe die jeweilige nationale Ausgestaltung offen, existenzielle Auseinandersetzungen über die »richtige« Art, das menschliche Zusammenleben zu organisieren, seien jedoch passé. Konsumorientierung oder sogar Nihilismus würden an ihre Stelle treten.[3] Wenn die Grundzüge gesellschaftlicher Organisation einmal geklärt sind, bleibt für Politisierung und ideologische Projekte mit Absolutheitsanspruch eben kein Raum mehr.

Das Ende der neoliberalen Globalisierung aber bringt auch das Ende des vermeintlichen Endes der Geschichte mit sich. Das geoökonomisch geprägte Interregnum erodiert schon jetzt die Grundpfeiler der neoliberalen Globalisierung. Diese Phase des Übergangs mag widersprüchlich und chaotisch sein, aber sie ist alles andere als unpolitisch. Der Aufstieg von Anti-System-Parteien, die tektonischen Verschiebungen in der internationalen Politik oder die Rückkehr von Autoritarismus und Faschismus als ernst zu nehmende politische Alternativen sprechen eine eindeutige Sprache. Wir sind am Ende von Fukuyamas Endzeit angekommen, das ist kaum bestreitbar.

Einerseits birgt diese Entwicklung neue Möglichkeiten für all die Kräfte, die schon länger die Entpolitisierung, die Eindimensionalität und die ökologische Blindheit der untergehenden Ordnung kritisiert haben. Neoliberale Wirtschaftspolitik, die Natur und die Ausrichtung globaler ökonomischer Interdependenzen oder das Mantra vom Wachstum um jeden Preis können nun offen infrage gestellt und produktiv diskutiert werden, ohne dass man sich damit ins politische Abseits manövriert. Andererseits haben sich progressive Kräfte das Aufbrechen der neoliberalen Selbstbeschränkung von Politik und Staat sowohl inhaltlich als auch praktisch wahrscheinlich anders vorgestellt. Interdependenzen werden instrumentalisiert, auch auf die Gefahr hin, dass es zum Krieg kommt; die Demokratie und die Rechtsstaatlichkeit in vielen westlichen Ländern sind zunächst schleichend erodiert, inzwischen aber geraten sie mit zunehmender Geschwindigkeit ins Wanken; rechte Kräfte reüssieren in »liberalen« politischen Systemen; die

Klimakatastrophe zeichnet sich immer deutlicher und immer schneller ab – man kann den Eindruck gewinnen, das genaue Gegenteil progressiver Forderungen drohe Wirklichkeit zu werden. Wie damit umgehen?

Begrüßenswert sind das Ende der neoliberalen Globalisierung und die Delegitimierung ihrer Grundpfeiler insofern, als grundsätzliche politische Auseinandersetzungen um die Frage, wie wir (als Menschheit) leben wollen, wieder verstärkt stattfinden. Noch in den 2000er Jahren galt die bestehende Wirtschaftsordnung als »alternativlos«. Das verbreitete Gefühl, ein anderes System sei nicht einmal mehr vorstellbar, oft mit dem Akronym TINA (»there is no alternative«) zusammengefasst, beschrieb der Philosoph Mark Fisher seinerzeit mit dem Begriff des »kapitalistischen Realismus«.[4] Nun dürfte heute das Ende des Kapitalismus zwar kaum unmittelbar bevorstehen, doch wesentliche Aspekte der neoliberalen Globalisierung gelten inzwischen eben nicht länger als selbstverständlich oder gar als alternativlos.

Diese Öffnung des politischen Diskurses erfolgt aus den Widersprüchen der neoliberalen Globalisierung als Ordnungsprinzip. Durch die zunehmende Instrumentalisierung von Interdependenzen werden die ihr inhärenten Friktionen und Widersprüche weiter verschärft. Indem sich Staaten sowohl in defensiver als auch in offensiver Hinsicht an diese Entwicklung anpassen, verändern sie die internationalen Machtbeziehungen. Wenn Länder versuchen, Verflechtungen, die einst durch die

Globalisierung entstanden sind, für sich zu nutzen, verschieben sie dadurch das Verhältnis von Markt und Staat weg von der neoliberalen Norm. Auch die Fragmentierung von Märkten entlang geopolitischer Linien und die Umfunktionierung von Infrastrukturen zu Arenen globaler Konflikte brechen mit lang gehegten neoliberalen Gewissheiten. Dass Lieferketten zu den Achsen solcher Konflikte werden, zeigt, wie die Politisierung und Versicherheitlichung der Weltwirtschaft längst zum Alltag einer postneoliberalen Politik geworden ist.

Diese Tendenzen der Geoökonomisierung interpretiere ich als »Öffnung« von Geschichte im postneoliberalen Zeitalter. Was der Staat kann, was er darf und soll, wird in dem Interregnum, in dem wir uns befinden, neu verhandelt. Sinn und Zweck von Märkten und Wirtschaftswachstum stehen auf einmal zur Disposition. Im Namen nationaler Sicherheit wird ökonomische Integration politischen Erwägungen untergeordnet. Am auffälligsten ist aber die dramatische Verschiebung politischer Koordinaten in zahlreichen wohlhabenden westlichen Demokratien, in denen der (falsche) Rechtspopulismus stark an Zuspruch gewonnen hat. Dieser Umstand mag politisch zuweilen überwältigend erscheinen, vor allem aus progressiver Perspektive. Doch ist dieser Rechtsruck natürlich keine zwangläufige Entwicklung, sondern lässt sich politisch verändern. Regierungen könnten sich dazu entschließen, einer Mehrheit der Bevölkerung sozialen, politischen und ökonomischen Schutz vor den Unwägbarkeiten einer geoökonomisierten Weltwirtschaft zu bieten. Staaten und andere Akteure könnten die bestehenden Verflechtungen nutzen, um der sich beschleunigenden Klimakrise resilienter zu begegnen. Transnationale Infrastrukturen schließlich könnten als *global commons* rechtlich vor dem Zugriff privater Oligopole geschützt werden, so dass ärmere Länder eine faire Chance auf nachholende Entwicklung bekommen.

Wer glaubt, dass es sich dabei um Wunschdenken handelt, der unterschätzt die systemischen Veränderungen, inmitten derer wir uns befinden. Die Grundlage progressiver Politik, die solche und ähnliche Ideen aufnimmt, ist in einer postneoliberalen Ordnung gegeben. Die Universität Oxford und das Entwicklungsprogramm der Vereinten Nationen führten 2024 eine weltweite Umfrage zum Stand der Klimapolitik durch. Die Studie umfasste insgesamt 77 Länder, die 87 Prozent der Weltbevölkerung beherbergen, um ein möglichst umfassendes globales Bild zu liefern. So flossen die Meinungen von Menschen etwa aus den Ländern der G20, der fünf ursprünglichen BRICS-Staaten, von sieben europäischen Ländern, von besonders vom Klimawandel betroffenen kleineren Inselstaaten und Staaten des Globalen Südens mit ein. Dabei plädierten vier von fünf der insgesamt 73 000 Befragten für mehr Maßnahmen gegen den Klimawandel ihrer jeweiligen Regierung. 72 Prozent sprachen sich für eine schnellere Energiewende aus.[5] Eine große Mehrheit der Deutschen befürwortet seit Jahren die Wiedereinführung der 1997 ausgesetzten Vermögenssteuer.[6] Über 60 Prozent der Amerikaner halten es, wie schon zwei Jahrzehnte zuvor, für die Verantwortung der Regierung, eine umfassende Gesundheitsversorgung der Bevölkerung zu gewährleisten,[7] und eine Mehrheit sowohl der Deutschen als auch der Amerikaner spricht sich für die Erhöhung des jeweiligen nationalen Mindestlohns aus.[8] Der falsche Rechtspopulismus macht in den meisten Fällen keine Anstalten, solche Mehrheitsthemen aufzunehmen, geschweige denn die artikulierten Forderungen umzusetzen. Die Überwindung lange gültiger (neoliberaler) Glaubenssätze in den Bereichen Staat, Markt und Politik ermöglicht es progressiven Bewegungen aber, mehrheitsfähige Positionen auf Basis einer sich verändernden Wirklichkeit zu formen.

Die Klimakrise verändert die internationale Politik

Auch wenn sich heute das Tor zu grundsätzlichen Debatten über unsere Art des Zusammenlebens öffnet, findet die internationale Politik nicht im luftleeren Raum statt. Ein wichtiger Faktor bei der Herausbildung der künftigen Ordnung ist die Klimakrise. Der Anstieg der Erderwärmung und der zunehmende Verlust von Biodiversität wurden nicht allein in den letzten drei bis vier Jahrzehnten verursacht, aber die Beschleunigung der Krise durch politische Untätigkeit seit dem Ende des Kalten Krieges ist unübersehbar.[9] Allein seit 1990 wurde mehr als die Hälfte aller CO_2-Emissionen seit 1751 verzeichnet. Die Rate der Erderwärmung steigt seit 1990 schneller als zuvor an.[10] Die Klimakrise ist auch ein Erbe der neoliberalen Globalisierung. Doch trägt sie nicht zu einer Öffnung von Geschichte bei. Vielmehr schränkt sie die politischen Gestaltungsmöglichkeiten in einer geoökonomischen Welt massiv ein.

Gesellschaften weltweit werden mehr Aufwand betreiben müssen, um sowohl die Folgen als auch die Ursachen des Klimawandels in den Griff zu bekommen. Finanzielle, physische, politische und soziale Ressourcen werden verstärkt in die Abwendung dieser Krise fließen. Der unumgängliche Kampf gegen die und mit der Verschlechterung der Lebensbedingungen auf dem Planeten Erde bedeutet, dass diese Ressourcen bei der Gestaltung einer neuen globalen Ordnung fehlen werden. Schon heute zeichnen sich die Folgen ab: Das derzeitige Interregnum ist auch von Völkerrechtsbrüchen und staatlicher Gewalt geprägt. Gleichzeitig sind internationale Institutionen so schwach wie lange nicht.[11] Es gibt gute Gründe für die Annahme, dass die Klimakrise und geopolitische Konflikte um Ressourcenverteilung und Sicherheit sich gegenseitig verstärken werden.[12]

Diese Schließung der politischen Gestaltungsräume für eine postneoliberale Zeit sollte weder analytisch noch politisch unterschätzt werden. In seiner berühmten Schrift *Der achtzehnte Brumaire des Louis Bonaparte* schrieb Karl Marx: »Die Menschen machen ihre eigene Geschichte, aber sie machen sie nicht aus freien Stücken unter selbstgewählten, sondern unter unmittelbar vorhandenen, gegebenen und überlieferten Umständen.«[13] Im Falle der Klimakrise wird nur allzu deutlich, inwiefern solche strukturellen Faktoren politische Optionen in der Gegenwart und der Zukunft einschränken können. Die Frage etwa, ob und welche Art von wirtschaftlicher Integration wir wollen, könnte ohne unsere Mitsprache entschieden werden, beispielsweise wenn komplexe Lieferketten klimabedingt reißen. Die Kosten für ihre Erhaltung werden unter den Bedingungen zunehmender Extremwetterereignisse in die Höhe schießen.[14] Internationale Politik wird im Zeitalter der Geoökonomie auch wegen der Folgen des Klimawandels und deren Bekämpfung neue und radikale Formen annehmen.

Hegemonie und neue Konflikte im 21. Jahrhundert

Die Gestaltungsmöglichkeiten von Politik unter den Bedingungen der Geoökonomie hängen nicht zuletzt davon ab, wie sich die Verhältnisse zwischen Staaten, multinationalen Konzernen und internationalen Organisationen entwickeln. Sozialwissenschaftliche Analyse kann zwar, trotz hartnäckiger gegenteiliger Behauptungen, die Zukunft nicht vorhersagen. Dennoch kann und sollte sie gegenwärtige Tendenzen und Trends beschreiben und in ihrer Stoßrichtung einordnen. Ohne klare Zeitdiagnosen, auch in uneindeutigen Interregna wie dem unserem, bleiben politische Handlungsräume unterbeleuchtet. Die in den vorhergehenden Kapiteln vorgenommene Analyse der Bereiche Staat, Markt und Politik gibt jeweils wichtige zeitdiagnostische Einsichten in die geoökonomische Ordnungsgenese und in die Zukunft internationaler Politik.

In Bezug auf Staatlichkeit habe ich, erstens, skizziert, wie der aufkommende geoökonomische Staat versucht, die globale Wirtschaft für nationale Zwecke verfügbar zu machen. So ist die oft konstatierte Rückkehr des Protektionismus und des ökonomischen Nationalismus in der jüngsten Vergangenheit paradoxerweise auf die Kontrolle der *externen* Umwelt gerichtet – anstatt dass sich Staaten auf ihre nationalen Belange zurückziehen. Das hängt wesentlich damit zusammen, dass die Gestaltungsmöglichkeiten des geoökonomischen Staates in der durch die neoliberale Globalisierung geschaffenen Verflechtung begründet liegen. Ohne transnationale Infrastrukturen, finanzielle Netzwerke oder Handels- und Investitionsbeziehungen wäre eine solche Instrumentalisierung kaum durchführbar.

Zweitens sorgt dieser externe Fokus für größere Machtungleichheiten im globalen System. Während die Instrumente des neoliberalen Wettbewerbsstaates theoretisch noch jeder Regierung offenstanden, ist die Nutzbarmachung globaler Interdependenzen auf eine

Gruppe mächtiger und wirtschaftsstarker Länder beschränkt. Diese Einsicht aus der wissenschaftlichen Interdependenzforschung der letzten Jahre gilt sowohl für die regulatorische als auch für die finanzielle Macht von Staaten wie den USA oder China im Vergleich zu Ländern aus dem Globalen Süden.

Nimmt man diese Punkte zusammen, dann ergibt sich folgendes Bild der Beziehungen zwischen wichtigen globalen Akteuren in einer geoökonomischen Welt: Wenn einige Staaten einen externen Interventionismus verfolgen und die Ungleichheiten zwischen den Ländern sich verschärfen, wird das Konflikte tendenziell eher befördern und globale Hierarchien verfestigen, anstatt für Ausgleich zu sorgen. Anzeichen dafür lassen sich in der Intensivierung des geoökonomischen Wettbewerbs um die Kontrolle über technologische Güter wie Halbleiter oder transnationale Infrastrukturen wie Unterseekabel erkennen. Großmächte, vor allem die USA, aber auch China, haben in den letzten Jahren neue Strategien entwickelt, um die wenigen wirklich relevanten Konzerne für die Produktion von Computerchips entweder auf ihre Seite zu ziehen oder deren Zugang zu wichtigen Märkten zu erschweren, z. B. durch Exportkontrollen. Die Vereinigten Staaten versuchen unablässig, Firmen in Drittländern davon zu überzeugen, wichtige Güter nicht in die Volksrepublik zu liefern. Gleichzeitig drohen sie Nutzern amerikanischer Halbleitertechnologien mit Sanktionen für den Fall, dass diese gegen US-Interessen handeln.[15]

Eine ähnliche Dynamik, wenn auch weniger fortgeschritten, zeigt sich bei dem in Kapitel 3 diskutierten Beispiel der Unterseekabel. Während in den letzten Jahrzehnten vor allem private Anbieter den Bau und den Betrieb übernahmen, haben China und die USA dieses Geschäft als ein wichtiges Feld in ihrem Kampf um technologische Vorherrschaft entdeckt und machen dementsprechend ihre Interessen geltend. Da beide Länder selten direkten Zugriff auf die Kabelsysteme haben, entwickelten sie einen Strategiemix aus diplomatischem Druck und Verhandlungen mit Drittländern sowie der industriepolitischen Unterstützung heimischer Technologiefirmen, die um den Ausbau und die Kontrolle von Kabelnetzwerken konkurrieren. Mehr noch als im Fall von Computerchips wird dadurch eine Hierarchisierung der internationalen Politik befördert. Transnationale Infrastrukturen sind relativ exklusive Märkte, deren Kontrolle in einer geoökonomischen Welt tendenziell eher Großmächten vorbehalten sein wird.

Die beiden genannten Beispiele, Halbleiter und Infrastrukturen, sind auch im zweiten von mir analysierten Bereich, dem der Wirtschaft, zentral. Eine geoökonomisierte Weltwirtschaft wird zwar fragmentierter und regionalisierter sein, aber nicht unbedingt weniger verflochten. Ähnlich wie der geoökonomische Staat bauen auch andere Akteure ihre Strategien auf der Existenz einer integrierten Wirtschaft auf. Lieferketten und Produktionsnetzwerke werden dabei nur selektiv fragmentiert. Wenn etwa geoökonomische Risiken innerhalb effizienter, aber fragiler Lieferketten zunehmen, dann können Länder darauf reagieren, indem sie neue Beziehungen zu Dritten eingehen. Natürlich schafft dies zusätzliche Redundanzen, es garantiert aber eine Aufrechterhaltung von Lieferketten im Falle von geoökonomischen Schocks oder Konflikten.

In einer Welt zunehmender Fragmentierung bei gleichzeitiger regionaler und selektiver Vertiefung von wirtschaftlicher Verflechtung wird die Frage von Allianzen in der internationalen Politik wieder virulenter. Interessanterweise könnten solche Entwicklungen neue Legitimationsgrundlagen für bestehende regionale Handelsblöcke wie die EU oder den Verband Südostasiatischer Nationen bieten. Die Europäische Union etwa galt lange Zeit als Verfechterin einer Wirtschaftspolitik, die globale Wettbewerbsbedingungen angleicht und aus ihrer Sicht fairer macht. Die Geoökonomisierung und Regionalisierung der Weltwirtschaft erscheint politisch daher erst einmal als das vorläufige Scheitern dieser Strategie. Formell und institutionell aber hat die EU viele Elemente geoökonomischer Blockbildung bereits vorweggenommen. Der Handel und die Investitionen innerhalb Europas sind für die große Mehrheit der Mitglieder vom Volumen her viel relevanter als der Handel und die Investitionen mit Drittländern.[16] Die Entwicklung des europäischen Binnenmarktes, des Schengen-Raums oder des Rechtssystems sowie der inkrementellen Demokratisierung politischer Prozesse haben die Kohäsion der Union in den letzten Jahrzehnten erhöht. Momentan versucht der Block unter dem Banner der »offenen strategischen Autonomie« dieses Modell in eine Welt der geoökonomischen Auseinandersetzungen zu übertragen.[17] Vor allem die Regionalisierung von Lieferketten und deren potenzielle Vertiefung mit engen Verbündeten sollte für europäische Länder weniger problematisch werden als für andere wichtige Akteure.

Natürlich sind solche Überlegungen nicht allein ausschlaggebend für die Zukunftsaussichten regionaler Blöcke in einer geoökonomischen Welt. Jedoch könnten sich die institutionellen Ergebnisse der neoliberalen Globalisierung (wie die europäische Integration nach 1992) trotz veränderter Vorzeichen im Zeitalter der Geoökonomie zumindest in strategischer Hinsicht als vorteilhaft erweisen. Dies könnte auch eine vertiefte regionale Blockbildung bei gleichzeitiger Fragmentierung in anderen Teilen der Welt beschleunigen. Ob dies Konflikte befördern oder eher befrieden wird, steht noch aus. Es ist aber wichtig zu verstehen, dass Supermächte wie die USA es schwieriger haben werden als die EU, mächtige Allianzen in ihrer regionalen Nachbarschaft zu schmieden. Die amerikanische Hegemonie im 20. und 21. Jahrhundert basierte stark auf ihrem globalen Charakter und dem »open door globalism«, einer Mischung aus militärischer Macht und ökonomischer Dominanz.[18] Wie und ob diese Strategie in einer Welt geoökonomischer Fragmentierung und Blockbildung bestehen kann, ist eine offene Frage.

Schließlich bleibt noch der Bereich der Politik in geoökonomischen Zeiten. Wie ich argumentiert habe, sorgt das gegenwärtige Interregnum für starke politische Volatilität und macht zu einem gewissen Grad erfolgreiche Identitäts- und Ideologieprojekte unmöglich, die für eine stabile globale Ordnung unabdingbar sind. An die Stelle lösungsorientierter Angebote treten falsche Rechtspopulisten, deren tatsächliche Politik die bestehenden Verhältnisse verhärtet und verschärft. Erfolge nationalistischer und rechtspopulistischer Bewegungen haben in der Vergangenheit die internationale Politik kaum befriedet, eher im Gegenteil.

Die wirtschaftliche Verflechtung und Integration der letzten Jahrzehnte wurden oftmals als probates Mittel gegen eine erneute Konfrontation nationalistisch gesinnter Regierungen in Europa und anderswo gesehen. Jedoch zeigen die ersten Jahre der geoökonomischen Ordnungsbildung, dass ebendiese Interdependenzen von Staaten und Unternehmen zunehmend zu eigenen Zwecken instrumentalisiert werden. Der Siegeszug rechtspopulistischer und rechtsextremer Bewegungen in vielen OSZE-Ländern dürfte eine weitere Instrumentalisierung wirtschaftlicher Integration bedeuten. Der geoökonomische Nationalismus, den viele dieser Bewegungen wie etwa der Trumpismus offen zur Schau tragen, funktioniert anders als der »alte« ökonomische Nationalismus nicht hauptsächlich über protektionistische Maßnahmen. Ein offensichtliches Beispiel ist der Versuch der derzeitigen US-Regierung, den logistisch wichtigen Panamakanal unter amerikanische Kontrolle zu bringen. Die von Donald Trump vorgetragene Idee einer Übernahme dieses wichtigen Knotenpunkts in der Weltwirtschaft klingt zunächst absurd, entspricht aber einer aktiven Instrumentalisierung bestehender Interdependenzen durch den geoökonomischen Staat. Viele dieser Staatsaktivitäten laufen eher unter dem Radar und erzeugen nicht automatisch Schlagzeilen wie Trumps unverblümte Forderung nach einer direkten Übernahme zentraler globaler Infrastrukturen. Sie dienen dem Zweck, sich strategische und ökonomische Vorteile in einer globalisierten Welt zu verschaffen. Meiner Einschätzung nach erhöht dies die Gefahr offensiver Konflikte. Geoökonomische Auseinandersetzungen um Technologien, Marktanteile, Lieferketten und Infrastrukturen werden nicht mithilfe protektionistischer Industriepolitik und der Abschirmung von Schlüsselindustrien ausgetragen, sondern sind schon aufgrund ihrer Voraussetzungen globalisiert. Verflechtung wird somit zum Brandbeschleuniger des Rechtsrucks und ökonomischen Nationalismus in vielen westlichen Ländern.

Über die erhöhte Gefahr wirtschaftlicher Konflikte hinaus bleibt die Schaffung hegemonialer politischer Projekte, welche die globale Ordnung stabilisieren könnten, schwierig. Da wir uns gerade erst am Ende der neoliberalen Globalisierung und dem Beginn des geoökonomischen Interregnums befinden, erwarte ich keine wirksame Befriedung globaler Auseinandersetzungen in den folgenden Jahren. Die von mir in Kapitel 4 genannten Faktoren sowie die Überlappung globaler Krisen machen eine schnelle Stabilisierung momentan unmöglich. Diese politische Volatilität überträgt sich auch auf die internationale Bühne, wo Allianzen und Bündnisse heute fragiler denn je erscheinen. Wenn protektionistische und rechtspopulistische Wahlsieger sich mit internationalen Institutionen und Organisationen anlegen, verlieren oft Letztere. Der Brexit, die Angriffe rechtspopulistischer Regierungen auf europäische Institutionen und die europäische Integration als solche oder der Austritt der USA aus dem Pariser Klimaabkommen und der Weltgesundheitsorganisation sind das Ergebnis nationaler Bewegungen, die gegen die Grundpfeiler der neoliberalen Ordnung gerichtet sind. Für die internationale Politik bedeutet Geoökonomisierung also tendenziell eine höhere Konflikthaftigkeit und zusätzliche Instabilität. Die neuen Konfrontationen finden zudem in einer Welt schwindender US-amerikanischer Hegemonie und erodierender westlicher Vorherrschaft statt.

Progressive Politik im Zeitalter der Geoökonomie

Die teilweise Öffnung der Geschichte durch das Ende der neoliberalen Dominanz wird durch die teilweise Schließung der historischen Gestaltungsmöglichkeit von Politik konterkariert – getrieben von der Klimakrise, ökonomischem Nationalismus und dem Wiedererstarken rechtspopulistischer und faschistischer Bewegungen auf der ganzen Welt. Diese Tendenzen werden durch die Krisenhaftigkeit und Volatilität unseres Interregnums verstärkt und tragen zur Instabilität des Gefüges internationaler Politik bei. Eine Zunahme globaler Konflikte scheint bereits systemisch eingespeist zu sein. Der Rückzug in den Nationalstaat und die Abwicklung globaler Interdependenz – wo es möglich ist – erscheinen aus dieser Perspektive als der wahrscheinliche Weg in ein geoökonomisches Zeitalter, das Dekaden in Beschlag nehmen könnte. In vielerlei Hinsicht könnten ähnliche Kräfte und Bewegungen die 2020er und 2030er Jahre bestimmen, die bereits ein Jahrhundert zuvor gewütet und eine globale Ordnung in Trümmern hinterlassen haben.

Eine solche Prognose trägt die Handschrift der »geopolitischen« Vision des postneoliberalen Zeitalters, die ich in der Einleitung umrissen habe. Gegen eine solche Vorstellung der nahen und mittelfristigen Zukunft möchte ich mich normativ und analytisch entschieden aussprechen. Geschichte wiederholt sich nicht. Zwar tendieren der Kapitalismus oder die internationale Politik dazu, im Laufe der Zeit immer wieder ähnliche Strukturbedingungen für politisches Handeln auszubilden. Der Kapitalismus verschärft Ungleichheiten in und zwischen Ländern und Regionen und reproduziert durch seine Dynamik sozioökonomische Instabilitäten. Ohne deren politische Einhegung können Gesellschaften nicht bestehen. Die internationale Politik findet, in Abwesenheit einer Weltregierung, immer in einer anarchischen Welt statt. Hierarchien und Ordnungen sind niemals allumfassend und bringen immer wieder Widerstand und aufstrebende Mächte hervor, die den Status quo wirtschaftlich, kulturell, militärisch und politisch herausfordern. Diese Strukturbedingungen determinieren jedoch keineswegs die politischen Handlungsoptionen. Eine progressive Politik muss diese Überzeugung verinnerlichen, wenn sie eine reelle Chance auf Erfolg haben will. Dazu zwei Anmerkungen.

Erstens muss progressive Politik den strategischen Fehler vermeiden, sich auf das Terrain der falschen Rechtspopulisten zu begeben und sich deren Interpretation der postneoliberalen Ära zu eigen zu machen. Wenn Geschichte eben keine Pendelbewegung zwischen »mehr Markt« und »mehr Staat«, zwischen Globalisierung und Nationalstaatlichkeit ist, dann muss die geoökonomische Ära auch nicht ein Rückzug auf den Nationalstaat – inklusive aller regressiver und reaktionärer Implikationen – sein. Zweitens ist durch das Ende der neoliberalen Ära zum ersten Mal seit einem halben Jahrhundert tatsächlich eine Neukonfigurierung des Verhältnisses von Kapitalismus und Demokratie möglich. Progressive Politik hat sich des Ballasts neoliberaler diskursiver und politischer Dominanz entledigt. Nun liegt es an diesen Kräften, politische Projekte zu entwerfen, die in einer geoökonomisch geprägten Welt potenziell hegemonial werden können.

Ein progressives, globales politisches Projekt kann dafür an mehreren Punkten ansetzen. Geradezu obszöne ökonomische Ungleichheiten sind ein solcher Punkt. Dies betrifft sowohl die nationale als auch die internationale Verteilung von Reichtum, Ressourcen und Entwicklungschancen. Allein schon die Tatsache, dass Tech-Milliardäre und billionenschwere institutionelle Anleger die Geschicke von Staaten und Märkten in ungekanntem Maße beeinflussen, sollte für progressive Kräfte Grund genug zum Handeln sein. Gleiches gilt für die Klimakrise, die Ungleichheiten vertieft und das Leid sowie die Ausbeutung vor allem in den armen Ländern des Globalen Südens verstärkt. Insbesondere in einer geoökonomisch geprägten Welt ist die gegenseitige Verschärfung von Klima- und Sicherheitskrisen eine reale Dynamik, die es zu bearbeiten gilt.

Anknüpfungspunkte gibt es also reichlich. Die strategischen Überlegungen hierzu sollten meiner Einschätzung nach die Möglichkeitsräume der entstehenden Ordnung ernst nehmen. Es ist mitnichten so, dass die Inhalte und Politiken einer progressiven globalen Ordnung bereits feststünden und nur implementiert werden müssten. Im Gegenteil schafft die Geoökonomisierung der internationalen Politik neue Räume politischer Imagination und Ideen und schließt andere. Wenn etwa die internationalen Beziehungen konfrontativer werden und geopolitische Erwägungen eine größere Rolle spielen, erweitern sich die Räume für die Neuorganisation von Lieferketten und deren lokale Verankerung.

Dies könnte etwa die Nachhaltigkeit und Fairness des globalen Handels verbessern oder den neoliberalen Fokus auf Effizienzsteigerungen zu Gunsten einer verstärkten Rolle von Lokalität und des Kreislaufwirtschaftens verschieben. Es stünde einer »globalen« Verflechtung durch Handel und Investitionen entgegen, würde aber die lokalen und regionalen Aspekte der Weltwirtschaft stärken und somit auch zu weniger Entfremdungserscheinungen im globalen Kapitalismus und der damit verbundenen Wut breiter Bevölkerungsschichten beitragen.

Was spricht für eine solche optimistische Lesart der entstehenden geoökonomischen Ordnung und ihrer Möglichkeiten? Nun, zum einen wurde das Verhältnis von Kapitalismus und Demokratie bereits mehrmals neu verhandelt. Die Zähmung des globalen Kapitalismus nach dem Zweiten Weltkrieg und die folgenden »goldenen« Jahrzehnte der keynesianischen Massenproduktion und des Massenkonsums wiesen zwar allerlei ökologische, macht- und gleichstellungspolitische sowie kulturelle Probleme auf. Progressive Kräfte heutzutage sollten daher auch nicht versuchen, diese oft verklärte Phase globaler Entwicklung irgendwie zurückzuholen. Doch lassen sich aus dieser erfolgreichen Veränderung des Verhältnisses von Kapitalismus und Demokratie Lehren ziehen: von der Formulierung potenzieller hegemonialer Projekte bis zur Widersprüchlichkeit und Fragilität historischer Phasen. Die Verfügbarkeit historischer Präzedenzen ist somit analytisch hilfreich und sollte uns mehr beschäftigen, etwa in der Frage nach dem Potenzial, Sinn und Unsinn ökonomischer Planung in der Klimakrise.[19]

Darüber hinaus steht nach meinem Dafürhalten in der heutigen Übergangsphase globaler Ordnung *existenziell* weitaus mehr auf dem Spiel, als dies historisch der Fall war. Vorangegangene Phasen von Ordnungsbildung fanden unter Umständen statt, in denen die Existenz menschlicher Zivilisation auf dem Planeten Erde gesichert war. Heute ist genau das nicht länger gegeben. Und selbst wenn eine Fortsetzung zivilisatorischer Entwicklung möglich sein sollte: Wir wissen schlichtweg nicht, unter welchen Parametern die politischen, sozialen, ökonomischen Verwerfungen als Folge unvorhersehbarer physikalischer Verschiebungen in den folgenden Jahrzehnten stattfinden werden. Und vor allem wissen wir nicht, wie diese interagieren und globale Ordnungsbildung beeinflussen werden. Mit Sicherheit wird internationale Politik unter zunehmendem Klimastress anders aussehen, als wir sie aus der Vergangenheit kennen. Hier enden dann auch historische Vergleiche und Parallelen. Progressive Politik in geoökonomischen Zeiten kann eben kein Abziehbild vergangener Ideen sein.

Da durch sie zusätzliche Fragen eine existenzielle Dimension gewinnen, kann die Klimakrise paradoxerweise aber auch zu einem Motor für tiefgreifende politische Veränderungen werden. Wenn scheinbar ewige Sicherheiten wie die Verfügbarkeit von Wirtschaftswachstum oder natürlichen Ressourcen nicht mehr als gegeben angenommen werden können, gilt dies auch für die ideologischen und politischen Projekte, welche die Vergangenheit geprägt haben. Ein neoliberaler Zugriff auf eine von Klimakrisen und Verwerfungen geprägte Wirklichkeit kann nicht mehr ideologisch kongruent sein. Die Welt der neoliberalen Globalisierung ist nicht mehr unsere Wirklichkeit. Das Verhältnis von Staat, Markt und Politik muss daher fundamental neu gedacht werden. Progressive Politik sollte beginnen, ernsthafte und nachhaltige Antworten auf die geoökonomischen Herausforderungen zu finden. Die hier präsentierte Analyse der Grundzüge dieser neuen geoökonomischen Ordnung kann hoffentlich einen moderaten Beitrag zu dieser Aufgabe leisten.

Anmerkungen

Einleitung

1 Schröder 1999, S. 12.
2 Blair 2005.
3 Slobodian 2018.
4 Meunier und Nicolaidis 2019; Mead 2014; Adomeit und Krause 2022; Masala 2022.
5 Dijkstra et al. 2022.
6 Cunliffe 2020.
7 Qiu et al. 2023.
8 Seydl 2024.
9 Farrell and Newman 2019; Babić und Dixon 2022.
10 De Goede und Westermeier 2022.
11 Cairncross 2001.
12 Luttwak 1990, S. 19.
13 Sullivan 2025.
14 Münkler 2024.
15 Babić, Fichtner und Heemskerk 2017.
16 Jessop 2007.
17 Robinson 2004.
18 Kentikelenis und Seabrooke 2017.
19 Fukuyama 1992.
20 Nach Daten der Weltbank.
21 Nach Daten von Our World in Data.
22 Nach Daten der Weltbank.
23 Gerbaudo 2021. Für eine detaillierte Ausarbeitung des hier entwickelten Arguments siehe Babić 2023b, S. 136.

1 Von der neoliberalen zur geoökonomischen Ordnung

1 Harvey 2005.
2 Harvey 2007.
3 John und McDonald 2020.
4 Biebricher 2018; Slobodian 2018; Ther 2014.

5 Krippner 2012.
6 Van Apeldoorn 2002.
7 Streeck und Mertens 2010.
8 Prager 2012.
9 Altdörfer et al. 2019.
10 Europäische Kommission 2007.
11 WTO 2008, S. 82.
12 Zysman 1983.
13 Petry 2021.
14 Ajdacic, Heemskerk und Garcia-Bernardo 2021.
15 Rosen 1985, S. 70.
16 Siehe hierzu die Studie von Christensen 2022.
17 Gill und Cutler 2014.
18 Gill 1998.
19 UNCTAD 2000.
20 Siehe etwa McCarthy 2019.
21 Farrell und Newman 2019.
22 Ruggie 1982.
23 Gindin und Panitch 2012.
24 Kentikelenis und Seabrooke 2017.
25 Myrdal 1967, S. 135.
26 Linsi 2020.
27 Ebd.
28 Hirsch 1995.
29 Cerny 2010, S. 5.
30 Linsi 2020, S. 857.
31 Regilme 2019.
32 Nölke, May und Claar 2014.
33 Tooze 2018.
34 Jervis et al. 2018.
35 Siehe vor allem Biebricher 2018; Hendrikse 2021; Slobodian 2018.
36 Siehe auch Babić 2020.
37 Siehe etwa Crouch 2018.
38 Siehe Babić 2023b, S. 15.
39 Polanyi 2001 [1944].
40 Siehe etwa Ther 2019.
41 Dale 2012.
42 Stewart 2009, 2010.
43 Gills 2008.

44 Worth 2013.
45 Siehe Block 2001, S. xxii.
46 Siehe etwa Gerbaudo 2021.
47 Siehe Cox 1981.
48 Siehe auch Mann 2012; Schwartz 2018; Baldwin 2016.
49 Kennedy 1988, S. 196.
50 Bairoch und Burke 1989.
51 O'Rourke 2000.
52 Ebd.
53 Masala 2022.
54 Walt 2022.
55 Dent 2020.
56 Robinson 2004.
57 Worth 2013.
58 Siehe Powell 1991.
59 Hale, Leggett und Martell 2004.
60 Roberts, Choer Moraes und Ferguson 2019.
61 Gertz und Evers 2020, S. 117; Roberts, Choer Moraes und Ferguson 2019, zit. nach Wesley 2016; Choer Moraes und Wigell 2022, S. 29.
62 Babić und Dixon 2022.
63 Schmucker und Kober 2022.
64 Van Miert 1998.
65 Linsi 2020.
66 Starrs und Germann 2021.
67 Friedman 2005.
68 Stuenkel 2015.
69 Siehe vor allem Nölke et al. 2015.
70 Stephen und Skidmore 2019.
71 Kleimann et al. 2023.
72 Koenig 2019.
73 Abels und Bieling 2022.
74 Kaplan 1952.
75 Siehe etwa Blackwill und Harris 2016.
76 Slobodian 2018.
77 Koddenbrock und Mertens 2022.
78 Babić 2023b.
79 Wullweber 2021.
80 Siehe die Studie von Kaplan 2021.
81 Babić 2023b; Kim 2022.

1 Wagschal 2006.
2 Porter 1990, S. 73.
3 Hirsch 1995, S. 113, Hervorh. i. O.
4 Babić 2023b, S. 38.
5 Davies 2018.
6 Babić 2023a; Farrell und Newman 2019; Bauerle Danzman und Meunier 2023.
7 Schindler et al. 2021.
8 Huff 1995.
9 Siehe etwa Farrell und Newman 2019.
10 Siehe etwa Jessop 2007.
11 Germann und Starrs 2021.
12 Siehe etwa Babić und Dixon 2022.
13 Ebd.
14 Espinoza 2020.
15 Fleming und Espinoza 2019.
16 Bauerle Danzman und Meunier 2023.
17 Kohlmann 2018.
18 Babić und Dixon 2022.
19 Heide und Olk 2023.
20 Nach Daten von UNCTAD.
21 Siehe auch Bauerle Danzman 2019.
22 Gottwald et al. 2019.
23 Bauerle Danzman 2021, S. 262.
24 Ebd., S. 260.
25 Baltz 2017.
26 Bauerle Danzman und Meunier 2023.
27 Gertz 2021.
28 Ebd.
29 England und Massoudi 2020.
30 UNCTAD 2023.
31 Siehe Linsi 2020.
32 Siehe etwa Carstensen 2011; Hall 1993.
33 Siehe etwa Regilme 2019.
34 Meunier und Nicolaidis 2019.
35 Heide 2023.
36 Miller 2023, S. 164.

37 Ebd., S. 338.
38 Siehe UNCTAD 2023.
39 Danzman und Weinstein 2023.
40 Europäisches Parlament 2025.
41 Siehe auch Starrs und Germann 2021. Mit europäischer Staatlichkeit meine ich sowohl die Geoökonomisierung von europäischen Mitgliedsstaaten als auch diejenige der EU selbst. Die Europäische Union ist kein Staat im klassischen Sinne, weist aber Merkmale von Staatlichkeit auf. So ist die Union »kein kohärenter europäischer Staat, vielmehr handelt es sich bei der EU um eine räumlich fragmentierte Form von Staatlichkeit« (Wissel und Wolff 2016, S. 229).
42 Siehe Farrell und Newman 2019.
43 Leonhardt und Philbrick 2022.
44 Das Europäische Parlament sanktionierte iranische Banken im Jahr 2012. 2016 hob es diese Sanktionen wieder auf, nachdem das Nuklearabkommen geschlossen wurde. Die unilaterale Kündigung dieses Abkommens durch die erste Trump-Regierung hatte die erneute Einführung der Sanktionen zur Folge, diesmal allerdings auf politischen Druck der USA und nicht durch eine Parlamentsentscheidung, siehe Farrell und Newman 2019.
45 Mulder 2022.
46 Felbermayr et al. 2020.
47 Ebd., S. 9.
48 Cipriani et al. 2023.
49 *Handelsblatt* 2022.
50 Zydra 2022.
51 Farrell und Newman 2019, S. 68.
52 Cipriani et al. 2023.
53 Ob die SWIFT-Sanktionen gegen Russland wirkungsvoll sind, ist umstritten. Rekordgewinne wie etwa die der sanktionierten Sberbank sowie eine noch funktionierende russische Kriegsmaschinerie werfen die Frage auf, ob das aktuelle Sanktionsregime ausreichend ist. Die Kernargumente der Skeptiker beziehen sich zum einen auf den »Kriegskeynesianismus« Russlands, der die relative Isolation des Landes durch militärische Nachfragestimulierung konterkariert. Zum anderen wird die fortdauernde nichtwestliche wirtschaftliche Zusammenarbeit Russlands etwa mit Indien oder China betont, die westliche Sanktionen zumindest abfedert, siehe Rodrigues Vieira 2023.

54 Liu und Dixon 2022.
55 Petry 2023.
56 Szabó und Jelinek 2023, S. 1282.
57 Hameiri und Jones 2024.
58 Ralev 2017.
59 Kovacevic 2023.
60 Ebd.
61 Nölke 2022.
62 Strack 2021.
63 Gathmann 2007.
64 Nuttall 2021.
65 Siehe Haas 2021.
66 Siehe auch Jones und Hameiri 2021.
67 Gabor und Braun 2025.
68 Eckersley 2004; Meadowcroft 2011; Mol 2002.
69 Sommerer und Lim 2016.
70 Eckersley 2004.
71 Nahm 2021.
72 Siehe Babić und Dixon 2023.
73 Gabor 2021.
74 Tett 2022.
75 IPCC 2022.
76 Howe 2023.
77 IEA 2024.
78 *Financial Times* 2025.
79 Allenbach-Ammann 2023.
80 Siehe etwa Nahm 2021.
81 Nahm 2021.
82 Siehe z. B. Allan et al. 2021.

3 Wirtschaft

1 Siehe Scholte 2007.
2 Bernoth und Meyer 2023.
3 Siehe etwa Aiyar et al. 2023.
4 Baba et al. 2023.
5 Wong und Jennings 2023.
6 Kopnick und Caporal 2020.

7 Trump 2018.
8 Von Ondarza 2024.
9 Mann 2008.
10 Bieling und Deckwirth 2008.
11 Cooper 2023.
12 Ougaard 2018.
13 Christophers 2024.
14 Farrell und Newman 2019.
15 Dies wurde beispielsweise an den Handelssanktionen gegenüber russischem Öl nach der Invasion der Ukraine deutlich. Nach den Sanktionen importierte Indien deutlich mehr (und günstigeres) russisches Rohöl und exportierte Rekordvolumina an raffiniertem Erdöl nach Europa (Narayan und Verma 2023). Dieser »Dreieckshandel« ist ein Hinweis auf die Ineffizienz »klassischer« Sanktionen und deren Umgehungspotenzial in einer global funktionierenden Wirtschaft.
16 Brock 2023.
17 Schindler et al. 2021.
18 Global Infrastructure Hub 2020.
19 Browne 2018.
20 Siehe Hameiri und Jones 2023.
21 Schindler und Di Carlo 2022.
22 Abels und Bieling 2024.
23 Europäische Kommission 2023.
24 Ebd.
25 Bundesregierung 2023.
26 Scheinert 2023.
27 Peng Er 2021.
28 Gereffi 2011.
29 Wu et al. 2021.
30 Rotunno et al. 2023.
31 European Council 2024.
32 Babić und Linsi 2024.
33 Armstrong 2022. Die einzige Weltregion mit etwas besserem Durchschnittswachstum war Nordamerika, allerdings auf einem niedrigen Level (von knapp unter 2 Prozent zwischen 2002 und 2011 auf genau 2 Prozent zwischen 2012 und 2021).
34 Siehe etwa Jung 2024.
35 Schaupp 2024.
36 Saitō 2023.

37 Hickel und Kallis 2020.
38 Schmelzer et al. 2022.
39 Jackson 2019.
40 Hasselbalch et al. 2023.
41 Babić und Mertens 2024.
42 Hopkin 2020.
43 Scholz 2022.
44 Schmelzer 2016.
45 Allan 2024, S. 3.
46 Germann et al. 2024.
47 Vestager 2017.
48 Babić et al. 2017.
49 Choer Moraes und Wigell 2022.

4 Politik

1 Latour 2019 [1991].
2 Bailey et al. 2019.
3 Siehe auch Bremer 2023.
4 Siehe etwa Steiner und Harms 2021.
5 Da die aktuelle ParlGov-Version von 2024 nur Wahlen bis Beginn 2023 erfasst, wurden folgende Parlamentswahlen händisch hinzugefügt: Deutschland/SPD in 2025; Portugal/PS in 2024; Spanien/PSOE in 2023. Die Wahl 2023 in den Niederlanden wurde nicht gezählt, da die PvdA nicht mehr als eigenständige Partei, sondern auf einer Liste antrat. Dasselbe gilt für die französische PS nach 2017, daher wurden die Wahlen 2022 und 2024 nicht gezählt. Die Grafik ist durch eine ähnliche Aufarbeitung von Pew Research aus 2018 inspiriert: https://www.pewresearch.org/short-reads/2018/09/12/swedish-election-highlights-decline-of-center-left-parties-across-western-europe/.
6 Hopkin 2020.
7 Trubowitz und Burgoon 2020.
8 Emanuele und Marino 2024. Dem gegenüber steht eine nicht so sehr polarisierte *Gesellschaft*: Bevölkerungseinstellungen zu kontrovers erscheinenden Themen liegen oft weniger weit auseinander als häufig angenommen (Mau et al. 2023). Dass das politische System dennoch Fragmentierungstendenzen zeigt, spricht für die These, dass

die neoliberale Globalisierung eine »Ordnung ohne Volk« gewesen ist (und nicht, dass das Volk selbst auseinanderdriftet).

9 Siehe auch Hendrikse 2021.

10 Adler-Nissen und Zarakol 2021.

11 Streeck 2016.

12 Wolf 2023, S. 371, zitiert in Elmendorf 2024, S. 818.

13 Emanuele und Marino 2024.

14 Der hier entworfene Gegensatz eines relativ stabilen und kongruenten keynesianistisch-fordistischen Identitätsprojekts und des nie wirklich hegemonialen neoliberalen Projekts soll Ersteres nicht romantisieren. Der soziale Kompromiss der industrialisierten Nachkriegsgesellschaften war bereits in seinen Anfängen exkludierend. So waren etwa die zu jener Zeit schnell ausgebauten Wohlfahrtsstaaten per definitionem national und protektionistisch angelegt, da sie Migration nur in sehr begrenztem Maße zuließen und somit hauptsächlich Insider von diesem Klassenkompromiss profitierten, siehe etwa Goodman und Pepinsky 2021; Myrdal 1967, S. 135.

15 Deudney und Ikenberry 1999.

16 Ebd., S. 193.

17 Friedman 1996.

18 Gill 1995.

19 Luttwak 1994.

20 Bremer 2023.

21 Benen 2021.

22 Cale 2024.

23 Atherton 2020.

24 Hacker und Pierson 2021.

25 Noch als Senator forderte J.D. Vance im Wahlkampf 2024 eine Verdopplung des Kinderfreibetrages, fehlte dann aber bei der Abstimmung im selben Zeitraum, der genau diesen Freibetrag erhöhen sollte. Ebenso positionierten sich weder Trump noch Vance zu den Forderungen nach einer Erhöhung des Mindestlohns, die vielen Trump-Anhängern zugutekommen würde.

26 Edmondson und Duehren 2025.

27 Mudde 2004.

28 So schwankte etwa Geert Wilders Partei für die Freiheit zwischen 6 und 15 Prozent der Stimmen bis zum Durchbruch als größte Partei bei den Parlamentswahlen 2023. Marine Le Pen kam erst 2017 in die Stichwahl um das französische Präsidialamt und konnte dies mit

einem noch besseren Abschneiden 2022 wiederholen. Die deutsche AfD schaffte erst 2017 den Einzug in den Bundestag und wurde bei der Wahl 2025 zweitstärkste Kraft.

29 Hacker und Pierson 2021.

30 Bach 2025. Es ist also nicht überraschend, dass eine groß angelegte Studie niederländischer Politikwissenschaftler zu dem Schluss kam, dass die Verbreitung von Desinformation und Lügen (auch über die eigenen Positionen) hauptsächlich ein Phänomen unter radikal rechten politischen Kräften ist. Die Autoren untersuchten über einen Zeitraum von sechs Jahren insgesamt 32 Millionen Tweets aus 26 Ländern. Das Ergebnis: »Politische Desinformation sollte als fester Bestandteil der aktuellen Welle des radikal rechten Populismus« verstanden werden (Törnberg und Chueri 2025).

31 Siehe auch Manow 2018.

32 Hopkin 2020.

33 Amable und Palombarini 2021.

34 Basierend auf einer einfachen Schlagwortsuche nach »Sicherheit« und »Wettbewerb« in den jeweiligen Wahlprogrammen der Union (siehe folgende Endnote). Zusammengefügte Wörter (etwa wie »wettbewerbsfähig« oder »Planungssicherheit«) wurden mitgezählt.

35 CDU/CSU 2005, 2025.

36 Jäger 2023.

37 Amable und Palombarini 2021.

38 Siehe Allan, Vucetic und Hopf 2018.

39 Colgan et al. 2020.

40 Siehe etwa Tooze 2018.

41 Weber et al. 2024.

42 Moll et al. 2023.

43 Di Carlo et al. 2024.

44 Infratest Dimap 2024.

45 Siehe auch Streeck 2021 [2013].

46 Foroohar 2022; Garrard 2022.

5 *Eine neue Zeitrechnung*

1 Hochuli et al. 2021.

2 Fukuyama 1992.

3 Hochuli, Hoare und Cunliffe 2021, Kapitel 2.

4 Fisher 2009.
5 UNDP 2024.
6 In einer Forsa-Umfrage sprachen sich 2012 77 Prozent der Befragten für eine Wiedereinführung aus. 2019 waren es bei einer Infratest Dimap-Umfrage 72 Prozent und in einer erneuten Forsa-Umfrage 2024 noch 62 Prozent (König 2012; ARD DeutschlandTrend 2019; *Zeit Online* 2024).
7 Gallup 2024.
8 Henrich 2024; Dunn 2021.
9 Malm 2016.
10 Samset et al. 2023.
11 Debre und Dijkstra 2023.
12 Laybourn und Dyke 2024.
13 Marx 1985 [1852].
14 Sun et al. 2024.
15 Germann et al. 2024.
16 Eurostat 2024.
17 Gehrke 2022.
18 Van Apeldoorn et al. 2023.
19 Siehe Ban und Hasselbalch 2024.

Dank

Leo Bieling hat nicht nur eine sehr frühe Version dieses Buchs hilfreich kommentiert, sondern meine ersten Gehversuche in politischer Ökonomie ermöglicht und begleitet – danke für alles!

Daniel Mertens hat das gesamte Manuskript gelesen und inhaltlich kommentiert. Aber er wäre nicht Daniel, hätte er nicht etwas ausgiebig kritisiert, was ich über Polanyi gesagt hatte. Er hat mit allem recht. Danke für die Hilfsbereitschaft, Unterstützung und Freundschaft.

Viele tolle Menschen haben mir über die letzten zwei Jahre mit Ideen, Kommentaren und in unserer Zusammenarbeit zu verschiedenen Aspekten und Themen des Manuskripts geholfen und Impulse gegeben. Danke an Joscha Abels, Naná de Graaff, Jan Fichtner, Lukas Linsi, Andreas Nölke, Clara Weinhardt und Bastiaan van Apeldoorn.

Ohne Joscha Wullwebers Hilfe wäre das Ganze überhaupt nicht zustande gekommen – vielen Dank!

Christian Heilbronn hat mit einer Mischung aus extremer Freundlichkeit und unerbittlichem Nachfragen das Manuskript zerlegt und mir gezeigt, wie man es viel besser wieder zusammenfügt. Das Ergebnis ist das Verdienst seines hervorragenden Lektorats – herzlichen Dank!

Danke an Sophie, Dana, Zoe – ihr seid mein Zuhause.

Literatur

Abels, J. und Bieling, H.-J. (2022), »Infrastructures of Globalisation. Shifts in Global Order and Europe's Strategic Choices«, in: *Competition und Change* 27/3-4, S. 516-533; https://doi.org/10.1177/10245294221130119.

Abels, J. und Bieling, H.-J. (2024), »Drivers and Limits of the Geoeconomic Turn in EU Infrastructure Policy«, in: *Politics and Governance* 12; https://doi.org/10.17645/pag.8127.

Adler-Nissen, R. und Zarakol, A. (2021), »Struggles for Recognition: The Liberal International Order and the Merger of Its Discontents«, in: *International Organization* 75/2, S. 611-634; https://doi.org/10.1017/S0020818320000454.

Adomeit, H. und Krause, J. (2022), »Der neue (Kalte?) Krieg. Das russische Ultimatum vom Dezember 2021 und die Folgen für die westliche Allianz«, in: *SIRIUS – Zeitschrift für Strategische Analysen* 6/2, S. 129-149; https://doi.org/10.1515/sirius-2022-2002.

Aiyar, S., Ilyina, A., Chen, J., Kangur, A., Trevino, J., Ebeke, C., Gudmundsson, T., Soderberg, G., Schulze, T., Kunaratskul, T., Ruta, M., Garcia-Saltos, R. und Rodriguez, S. (2023), »Geo-Economic Fragmentation and the Future of Multilateralism«, IMF Staff Discussion Notes; https://doi.org/10.5089/9798400229046.006.

Ajdacic, L., Heemskerk, E.M. und Garcia-Bernardo, J. (2021), »The Wealth Defence Industry: A Large-scale Study on Accountancy Firms as Profit Shifting Facilitators«, in: *New Political Economy* 26/4, S. 690-706; https://doi.org/10.1080/13563467.2020.1816947.

Allan, B.B. (2024), »Industrial Policy and the Green State: Forging a World After Growth«, in: *Review of International Studies* 50/5, S. 888-897; https://doi.org/10.1017/S0260210524000421.

Allan, B.B., Vucetic, S. und Hopf, T. (2018), »The Distribution of Identity and the Future of International Order: China's Hegemonic Prospects«, in: *International Organization* 72/4, S. 839-869; https://doi.org/10.1017/S0020818318000267.

Allan, B., Lewis, J.I. und Oatley, T. (2021), »Green Industrial Policy and the Global Transformation of Climate Politics«, in: *Global Environmental Politics* 21/4, S. 1-19; https://doi.org/10.1162/glep_a_00640.

Allenbach-Ammann, J. (2023), »The Geoeconomics of Europe's Answer to the US Inflation Act«, Euractiv; https://www.euractiv.com/section/economy-jobs/news/the-geoeconomics-of-europes-answer-to-the-us-inflation-act/.

Altdörfer, M., De las Salas Vega, C.A., Guettler, A. und Löffler, G. (2019), »The Case for a European Rating Agency: Evidence from the Eurozone Sovereign Debt Crisis«, in: *Journal of International Financial Markets, Institutions and Money* 58, S. 1-18; https://doi.org/10.1016/j.intfin.2018.09.004.

Amable, B. und Palombarini, S. (2021), *The Last Neoliberal: Macron and the Origins of France's Political Crisis*, London: Verso.

van Apeldoorn, B. (2002), *Transnational Capitalism and the Struggle over European Integration*, London: Routledge.

van Apeldoorn, B., Veselinovič, J. und De Graaff, N. (2023), *Trump and the Remaking of American Grand Strategy: The Shift from Open Door Globalism to Economic Nationalism*, London: Palgrave Macmillan.

ARD-DeutschlandTrend (2019), »Mehrheit ist für eine Vermögenssteuer«; https://www.tagesschau.de/inland/deutschlandtrend/deutschlandtrend-1897.html.

Armstrong M. (2022), »How Global GDP Has Evolved«, Statista; https://www.statista.com/chart/28452/global-gdp-evolution-by-region/.

Atherton, K.D. (2020), »Trump Inherited the Drone War but Ditched Accountability«, in: *Foreign Policy*; https://foreignpolicy.com/2020/05/22/obama-drones-trump-killings-count/

Baba, C., Lan, T., Mineshima, A., Misch, F., Shahmoradi, A., Yao, J. und van Elkan, R. (2023), »Geoeconomic Fragmentation: What's at Stake for the EU«, 23/245; IMF Working Papers; https://www.imf.org/en/Publications/WP/Issues/2023/11/29/Geoeconomic-Fragmentation-Whats-at-Stake-for-the-EU-541864.

Babić, M. (2020), »Let's Talk about the Interregnum: Gramsci and the Crisis of the Liberal World Order«, in: *International Affairs* 96/3, S. 767-786; https://doi.org/10.1093/ia/iiz254.

Babić, M. (2023a), »State Capital in a Geoeconomic World: Mapping State-led Foreign Investment in the Global Political Economy«, in: *Review of International Political Economy* 30/1, S. 201-228; https://doi.org/10.1080/09692290.2021.1993301.

Babić, M. (2023b), *The Rise of State Capital: Transforming Markets and*

International Politics, Newcastle upon Tyne und New York: Agenda Publishing/Columbia University Press.
Babić, M. und Dixon, A. D. (2022), »Is the China Effect Real? Ideational Change and the Political Contestation of Chinese State-Led Investment in Europe«, in: *The Chinese Journal of International Politics* 15/2, S. 111-139; https://doi.org/10.1093/cjip/poac009.
Babić, M. und Dixon, A. D. (2023), »Decarbonising States as Owners«, in: *New Political Economy* 28/4, S. 608-627; https://doi.org/10.1080/13563467.2022.2149722.
Babić, M., Dixon, A. D. und Liu, I. T. (Hrsg.) (2022), *The Political Economy of Geoeconomics: Europe in a Changing World*, London: Palgrave Macmillan.
Babić, M., Fichtner, J. und Heemskerk, E. M. (2017), »States versus Corporations: Rethinking the Power of Business in International Politics«, in: *The International Spectator* 52/4, S. 20-43; https://doi.org/10.1080/03932729.2017.1389151.
Babić, M. und Linsi, L. (2024), »Mapping Corporate Investments Between China and Europe in an Era of Geoeconomic Competition«, in: *JCMS: Journal of Common Market Studies*; https://doi.org/10.1111/jcms.13672.
Babić, M. und Mertens, D. (2024), »Decarbonization Under Geoeconomic Distress? Energy Shocks, Carbon Lock-ins, and Germany's Pathway Toward Net Zero«, in: *Regulation und Governance*; https://doi.org/10.1111/rego.12634.
Bach, S. (2025), »Steuerreformvorschläge der Parteien: Ambitionierte Entlastungen für arbeitende Mitte und Unternehmen treiben Defizite«, DIW Berlin; https://www.diw.de/documents/publikationen/73/diw_01.c.936232.de/diw_aktuell_106.pdf.
Bailey, D. J., Clua-Losada, M., Huke, N. und Ribera-Almandoz, O. (2019), *Beyond Defeat and Austerity: Disrupting (the Critical Political Economy of) Neoliberal Europe*, London: Routledge.
Bairoch, P. und Burke, S. (1989), »European Trade Policy, 1815-1914«, in: P. Mathias und S. Pollard (Hrsg.), *The Cambridge Economic History of Europe from the Decline of the Roman Empire*, Cambridge: Cambridge University Press, S. 1-160; https://doi.org/10.1017/CHOL9780521225045.002.
Baldwin, R. E. (2016), *The Great Convergence: Information Technology and the New Globalization*, Camridge/Mass.: The Belknap Press of Harvard University Press.

Baltz, M.J. (2017), »Institutionalizing Neoliberalism: CFIUS and the Governance of Inward Foreign Direct Investment in the United States since 1975«, in: *Review of International Political Economy* 24/5, S. 859-880; https://doi.org/10.1080/09692290.2017.1335650.

Ban, C. und Hasselbalch, J. (2024), »Green Economic Planning for Rapid Decarbonisation«, in: *New Political Economy*; https://doi.org/10.1080/13563467.2024.2434469.

Bauerle Danzman, S. (2019), *Merging Interests: When Domestic Firms Shape FDI Policy*, Cambridge: Cambridge University Press.

Bauerle Danzman, S. (2021), »Investment Screening in the Shadow of Weaponized Interdependence«, in: D.W. Drezner, H. Farrell und A.L. Newman (Hrsg.), *The Uses and Abuses of Weaponized Interdependence*, Washington, D.C.: Brookings Institution Press, S. 257-272.

Bauerle Danzman, S. und Meunier, S. (2023a), »Mapping the Characteristics of Foreign Investment Screening Mechanisms: The New PRISM Dataset«, in: *International Studies Quarterly* 67/2; https://doi.org/10.1093/isq/sqad026.

Bauerle Danzman, S. und Meunier, S. (2023b), »Naïve no more: Foreign Direct Investment Screening in the European Union«, in: *Global Policy* 14/S 3, S. 40-53; https://doi.org/10.1111/1758-5899.13215.

Benen, S. (2021), »Trump's ›Wall‹ Inadvertently Makes Things Easier for Smugglers«, MSNBC; https://www.msnbc.com/rachel-maddow-show/maddowblog/trump-s-wall-inadvertently-makes-things-easier-smugglers-n1261220.

Bernoth, K. und Meyer, J. (2023), »US Inflation Reduction Act Demands Quick Strategic Action from the EU«, in: *DIW Weekly Report* 13/6; https://doi.org/10.18723/DIW_DWR:2023-6-1.

Biebricher, T. (2018), *The Political Theory of Neoliberalism*, Stanford: Stanford University Press; deutsch als *Die Politische Theorie des Neoliberalismus*, Berlin: Suhrkamp 2021.

Bieling, H.-J. und Deckwirth, C. (2008), »Privatising Public Infrastructure within the EU: The Interaction between Supranational Institutions, Transnational Forces and National Governments«, in: *Transfer: European Review of Labour and Research* 14/2, S. 237-257; https://doi.org/10.1177/102425890801400206.

Blackwill, R.D. und Harris, J.M. (2016), *War by Other Means: Geoeconomics and Statecraft*, Cambridge/Mass.: The Belknap Press of Harvard University Press.

Blair, T. (2005), »Conference Speech 2005«, in: *The Guardian*; https://www.theguardian.com/uk/2005/sep/27/labourconference.speeches.

Bremer, B. (2023), *Austerity from the Left: Social Democratic Parties in the Shadow of the Great Recession*, Oxford: Oxford University Press; https://doi.org/10.1093/oso/9780192872210.001.0001.

Brock, J. (2023), »U.S. and China Wage War Beneath the Waves – Over Internet Cables«, Reuters; https://www.reuters.com/investigates/special-report/us-china-tech-cables/.

Browne, R. (2018), »US Military Grounds Aircraft in Djibouti after Multiple Accidents«, CNN; https://edition.cnn.com/2018/04/05/politics/us-military-grounds-djibouti-aircraft/index.html.

Bundesregierung (2023), »Bundesregierung begrüßt Investitionsentscheidung von Intel«; https://www.bundesregierung.de/breg-de/aktuelles/investitionsentscheidung-intel-2198332.

Cairncross, F. (2001), *The Death of Distance: How the Communications Revolution Is Changing Our Lives*, neue, überarbeitete Ausgabe, Cambridge/Mass.: Harvard Business School Press.

Cale, D. (2024), »Fact Check: Harris Makes False Claim about Trump's Record on Manufacturing Jobs«, CNN; https://edition.cnn.com/2024/09/25/politics/fact-check-harris-trumps-manufacturing-jobs/index.html.

Carstensen, M. B. (2011), »Ideas are Not as Stable as Political Scientists Want Them to Be: A Theory of Incremental Ideational Change«, in: *Political Studies* 59/3, S. 596-615; https://doi.org/10.1111/j.1467-9248.2010.00868.x.

Cerny, P. G. (2010), »The Competition State Today: From *raison d'État* to *raison du Monde*«, in: *Policy Studies* 31/1, S. 5-21; https://doi.org/10.1080/01442870903052801.

Choer Moraes, H. und Wigell, M. (2022), »Balancing Dependence: The Quest for Autonomy and the Rise of Corporate Geoeconomics«, in: M. Babić, A. D. Dixon und I. T. Liu (Hrsg.), *The Political Economy of Geoeconomics: Europe in a Changing World*, London: Palgrave MacMillan, S. 29-55; https://doi.org/10.1007/978-3-031-01968-5_2.

Christensen, R. C. (2022), »Transnational Infrastructural Power of Professional Service Firms«, Preprint, SocArXiv; https://doi.org/10.31235/osf.io/k9bd2.

Christophers, B. (2024), *The Price Is Wrong: Why Capitalism Won't Save the Planet*, London: Verso.

Cipriani, M., Goldberg, L. S. und La Spada, G. (2023), »Financial Sanctions, SWIFT, and the Architecture of the International Payments System«, in: *SSRN Electronic Journal*; https://doi.org/10.2139/ssrn.4336483.

Colgan, J. D., Green, J. F. und Hale, T. N. (2020), »Asset Revaluation and the Existential Politics of Climate Change«, in: *International Organization* 75/2, S. 586-610; https://doi.org/10.1017/S0020818320000296.

Cooper, T. (2023), »Google Owns 63,605 Miles and 8.5 % of Submarine Cables Worldwide«, Broadband Now; https://broadbandnow.com/report/google-content-providers-submarine-cable-ownership.

Cox, R.W. (1981), »Social Forces, States and World Orders: Beyond International Relations Theory«, in: *Millennium: Journal of International Studies* 10/2, S. 126-155; https://doi.org/10.1177/03058298810100020501.

Cunliffe, P. (2020), *The New Twenty Years' Crisis: A Critique of International Relations, 1999-2019*, Montreal: McGill-Queen's University Press.

Dale, G. (2012), »Double Movements and Pendular Forces: Polanyian Perspectives on the Neoliberal Age«, in: *Current Sociology* 60/1, S. 3-27; https://doi.org/10.1177/0011392111426645.

Danzman, S. B. und Weinstein, E. (2023), »A New White House Order Is Taking Aim at Investment in Chinese Tech. How Will it Actually Work?«, Atlantic Council; https://www.atlanticcouncil.org/blogs/new-atlanticist/a-new-white-house-order-is-taking-aim-at-investment-in-chinese-tech-how-will-it-actually-work/.

Davies, W. (2018), »The Neoliberal State: Power Against ›Politics‹«, in: D. Cahill, M. Cooper, M. Konings und D. Primrose (Hrsg.), *The SAGE Handbook of Neoliberalism*, Thousand Oaks: SAGE, S. 273-283; https://doi.org/10.4135/9781526416001.

Debre, M. J. und Dijkstra, H. (2023), »Are International Organisations in Decline? An Absolute and Relative Perspective on Institutional Change«, in: *Global Policy* 14/1, S. 16-30; https://doi.org/10.1111/1758-5899.13170.

Dent, C. M. (2020), »Brexit, Trump and Trade: Back to a Late 19th Century Future?«, in: *Competition und Change* 24/3-4, S. 338-357; https://doi.org/10.1177/1024529420921481.

Deudney, D. und Ikenberry, G. J. (1999), »The Nature and Sources of Liberal International Order«, in: *Review of International Studies* 25/2, S. 179-196; https://doi.org/10.1017/S0260210599001795.

Di Carlo, D., Hassel, A. und Höpner, M. (2024), »Growth Coalitions Within a Corporatist Setting: How Manufacturing Interests Dominated the German Response to the Energy Crisis«, in: *Politics und Society*; https://doi.org/10.1177/00323292241292292.
Dijkstra, H., von Allwörden, L., Schuette, L. A. und Zaccaria, G. (2022), »Donald Trump and the Survival Strategies of International Organisations: When Can Institutional Actors Counter Existential Challenges?«, in: *Cambridge Review of International Affairs* 37/2, S. 182-205; https://doi.org/10.1080/09557571.2022.2136566.
Dunn, A. (2021), »Most Americans Support a $ 15 Federal Minimum Wage«, Pew Research Center; https://www.pewresearch.org/short reads/2021/04/22/most-americans-support-a-15-federal-minimum-wage.
Eckersley, R. (2004), *The Green State: Rethinking Democracy and Sovereignty*, Cambridge/Mass.: MIT Press.
Eckersley, R. (2020), The Green State in Transition: Reply to Bailey, Barry and Craig«, in *New Political Economy* 25/1, S. 46-56; https://doi.org/10.1080/13563467.2018.1526270.
Edmondson, C. und Duehren, A. (2025), »House G.O.P. Floats Medicaid Cuts and More to Finance Trump's Huge Agenda«, in: *The New York Times*; https://www.nytimes.com/2025/01/23/us/politics/trump-tax-cuts-immigration-house-republicans.html.
Elmendorf, D. (2024), »The Crisis of Democratic Capitalism«, in: *Journal of Economic Literature* 62/2, S. 818-820.
Emanuele, V. und Marino, B. (2024), »Party System Ideological Polarization in Western Europe: Data, Trends, Drivers, and Links with Other Key Party System Properties (1945-2021)«, in: *Political Research Exchange* 6/1; https://doi.org/10.1080/2474736X.2024.2399095.
England, A. und Massoudi, A. (2020), »›Never Waste a Crisis‹: Inside Saudi Arabia's Shopping Spree«, in: *Financial Times*; https://www.ft.com/content/af2deefd-2234-4e54-a08a-8dbb205f5378.
Espinoza, J. (2020), »Vestager Urges Stakebuilding to Block Chinese Takeovers«, in: *Financial Times*; https://www.ft.com/content/e14f 24c7-e47a-4c22-8cf3-f629da62b0a7.
Europäische Kommission (2007), »Gemeinsame Grundsätze für den Flexicurity-Ansatz herausarbeiten: Mehr und bessere Arbeitsplätze durch Flexibilität und Sicherheit«; https://op.europa.eu/de/pub lication-detail/-/publication/9a17c18c-814a-4b6b-b817-c6d95feec005.
Europäische Kommission (2023), »Europäischer Ansatz für wirtschaft-

liche Sicherheit in der EU«; https://germany.representation.ec.europa.eu/news/europaischer-ansatz-fur-wirtschaftliche-sicherheit-der-eu-2023-06-20_de.
European Commission (2023), »An EU Approach to Enhance Economic Security«; https://ec.europa.eu/commission/presscorner/detail/en/ip_23_3358.
European Council (2024), »Where Does the EU's Gas Come From?«; https://www.consilium.europa.eu/en/infographics/eu-gas-supply/.
European Parliament (2025), »A New Plan for Europe's Sustainable Prosperity and Competitiveness: Outbound Investment Screening«; https://www.europarl.europa.eu/legislative-train/carriage/outbound-investment-screening/report?sid=8801.
Eurostat (2024), »International Trade in Goods for the EU – an Overview«; https://ec.europa.eu/eurostat/statistics-explained/SEPDF/cache/65098.pdf.
Farrell, H. und Newman, A. L. (2019), »Weaponized Interdependence. How Global Economic Networks Shape State Coercion«, in: *International Security* 44/1, S. 42-79.
Farrell, H. und Newman, A. L. (2021), »The Janus Face of the Liberal International Information Order: When Global Institutions Are Self-Undermining«, in: *International Organization* 75/2, S. 333-358; https://doi.org/10.1017/S0020818320000302.
Felbermayr, G., Kirilakha, A., Syropoulos, C., Yalcin, E. und Yotov, Y. V. (2020), »The Global Sanctions Data Base«, in: *European Economic Review* 129; https://doi.org/10.1016/j.euroecorev.2020.103561.
Financial Times (2025), »China Is Winning the Race for Green Supremacy«; https://www.ft.com/content/d3650b44-0313-44c9-a7aa-495549b158b5.
Fisher, M. (2009), *Capitalist Realism: Is There No Alternative?*, Winchester: Zero Books; deutsch als *Kapitalistischer Realismus ohne Alternative? Eine Flugschrift*, Hamburg: VSA 2013.
Fleming, S. und Espinoza, J. (2019), »Brussels Urged to Rein in State-backed Foreign Rivals«, in: *Financial Times*; https://www.ft.com/content/f1ef1896-15fa-11ea-9ee4-11f260415385.
Foroohar, R. (2022), *Homecoming: The Path to Prosperity in a Post-global World*, Crown: New York.
Friedman, T. L. (1996), »Foreign Affairs Big Mac I«, in: *The New York Times*; https://www.nytimes.com/1996/12/08/opinion/foreign-affairs-big-mac-i.html.

Friedman, T. L. (2005), *The World Is Flat: A Brief History of the Twenty-first Century*, New York: Farrar, Straus and Giroux; deutsch als *Die Welt ist flach: eine kurze Geschichte des 21. Jahrhunderts*, Frankfurt am Main: Suhrkamp 2006.

Fukuyama, F. (1992), *The End of History and the Last Man*, New York: Free Press; deutsch als *Das Ende der Geschichte. Wo stehen wir?*, München: Kindler 1992.

Gabor, D. (2021), »The Wall Street Consensus«, in: *Development and Change* 52/3, S. 429-459; https://doi.org/10.1111/dech.12645.

Gabor, D. und Braun, B. (2025), »Green Macrofinancial Regimes«, in: *Review of International Political Economy*; https://doi.org/10.1080/09692290.2025.2453504.

Gallup (2024), »Healthcare System«; https://news.gallup.com/poll/4708/healthcare-system.aspx.

Garrard, G. (2022), *The Return of the State and Why It Is Essential For Our Health, Wealth and Happiness*, New Haven: Yale University Press; https://doi.org/10.12987/9780300265194.

Gathmann, F. (2007), »Grönland-Reise: Merkel auf Eis«, in: *Der Spiegel*; https://www.spiegel.de/politik/deutschland/groenland-reise-merkel-auf-eis-a-500231.html.

Gehrke, T. (2022), »EU Open Strategic Autonomy and the Trappings of Geoeconomics«, in: *European Foreign Affairs Review* 27, S. 61-78; https://doi.org/10.54648/EERR2022012.

Gerbaudo, P. (2021), *The Great Recoil: Politics After Populism and Pandemic*, London: Verso.

Gereffi, G. (2011), »Global Value Chains and International Competition«, in: *The Antitrust Bulletin* 56/1, S. 37-56; https://doi.org/10.1177/0003603X1105600104.

Germann, J., Rolf, S., Baines, J. und Starrs, S. K. (2024), »A Chip War Made in Germany? US Techno-Dependencies, China Chokepoints, and the German Semiconductor Industry«, in: *Politics and Governance* 12; https://doi.org/10.17645/pag.8265.

Gertz, G. (2021), »Investment Screening before, during, and after COVID-19«, in: *Global Perspectives* 2/1; https://doi.org/10.1525/gp.2021.24538.

Gertz, G. und Evers, M. M. (2020), »Geoeconomic Competition: Will State Capitalism Win?«, in: *The Washington Quarterly* 43/2, S. 117-136; https://doi.org/10.1080/0163660X.2020.1770962.

Gill, S. (1995), »Globalisation, Market Civilisation, and Disciplinary

Neoliberalism«, in: *Millennium: Journal of International Studies* 24/3, S. 399-423.
Gill, S. (1998), »European Governance and New Constitutionalism: Economic and Monetary Union and Alternatives to Disciplinary Neoliberalism in Europe«, in: *New Political Economy* 3/1, S. 5-26; https://doi.org/10.1080/13563469808406330.
Gill, S. und Cutler, A. C. (Hrsg.) (2014), *New Constitutionalism and World Order*, Cambridge: Cambridge University Press.
Gills, B. K. (2008), »The Swinging of the Pendulum: The Global Crisis and Beyond«, in: *Globalizations* 5/4, S. 513-522; https://doi.org/10.1080/14747730802567389.
Gindin, S. und Panitch, L. (2012), *The Making of Global Capitalism: The Political Economy of American Empire*, London: Verso.
Global Infrastructure Hub (2020), »Addis Ababa – Djibouti Railway«; https://www.gihub.org/connectivity-across-borders/case-studies/addis-ababa-djibouti-railway/.
de Goede, M. und Westermeier, C. (2022), »Infrastructural Geopolitics«, in: *International Studies Quarterly* 66/3; https://doi.org/10.1093/isq/sqac033.
Goodman, S.W. und Pepinsky, T. B. (2021), »The Exclusionary Foundations of Embedded Liberalism«, in: *International Organization* 75/2, S. 411-439; https://doi.org/10.1017/S0020818320000478.
Gottwald, J.-C., Schild, J. und Schmidt, D. (2019), »Das Ende der Naivität gegenüber China? Die Reform des europäischen Investitionskontrollregimes«, in: *Integration* 42/2, S. 134-148; https://doi.org/10.5771/0720-5120-2019-2-134.
Haas, T. (2021), »From Green Energy to the Green Car State? The Political Economy of Ecological Modernisation in Germany«, in: *New Political Economy* 26/4, S. 660-673; https://doi.org/10.1080/13563467.2020.1816949.
Hacker, J. S. und Pierson, P. (2021), *Let Them Eat Tweets: How the Right Rules in an Age of Extreme Inequality*, New York: Liveright Publishing.
Hale, S., Leggett, W. und Martell, L. (Hrsg.) (2004), *The Third Way and Beyond: Criticisms, Futures and Alternatives*, Manchester: Manchester University Press.
Hall, P. A. (1993), »Policy Paradigms, Social Learning, and the State: The Case of Economic Policymaking in Britain«, in: *Comparative Politics* 25/3, S. 275-296.

Hameiri, S. und Jones, L. (2023), »Why the West's Alternative to China's International Infrastructure Financing Is Failing«, in: *European Journal of International Relations*; https://doi.org/10.1177/13540661231218573.

Hameiri, S. und Jones, L. (2024), »China, International Competition and the Stalemate in Sovereign Debt Restructuring: Beyond Geopolitics«, in: *International Affairs* 100/2, S. 691-710; https://doi.org/10.1093/ia/iiae017.

Handelsblatt (2022), »Merz: Swift-Ausschluss Russlands wäre eine Atombombe für Kapitalmärkte«; https://www.handelsblatt.com/politik/deutschland/zahlungssystem-merz-swift-ausschluss-russlands-waere-eine-atombombe-fuer-kapitalmaerkte/27979250.html.

Harvey, D. (2005), *A Brief History of Neoliberalism*, Oxford: Oxford University Press; deutsch als: *Kleine Geschichte des Neoliberalismus*, Zürich: Rotpunktverlag 2007.

Harvey, D. (2007), »Neoliberalism as Creative Destruction«, in: *The Annals of the American Academy of Political and Social Science* 610/1, S. 21-44; https://doi.org/10.1177/0002716206296780.

Hasselbalch, J. A., Kranke, M. und Chertkovskaya, E. (2023), »Organizing for transformation: Post-growth in International Political Economy«, in: *Review of International Political Economy* 30/5, S. 1621-1638; https://doi.org/10.1080/09692290.2023.2208871.

Heide, D. (2023), »Löcher im Halbleiter-Schutzschild? Warum es in Taiwan Kritik an der Expansion von Chipriese TSMC gibt«; https://www.handelsblatt.com/meinung/kolumnen/asia-techonomics-loecher-im-halbleiter-schutzschild-warum-es-in-taiwan-kritik-an-der-expansion-von-chipriese-tsmc-gibt-/29143260.html.

Heide, D. und Olk, J. (2023), »Habeck bekommt Unterstützung für schärfere Investitionsprüfung«, in: *Handelsblatt*; https://www.handelsblatt.com/politik/deutschland/china-habeck-bekommt-unterstuetzung-fuer-schaerfere-investitionspruefung/29344714.html.

Helleiner, E. (2021), *The Neomercantilists: A Global Intellectual History*, Ithaca: Cornell University Press.

Hendrikse, R. (2021), »The Rise of Neo-Illiberalism«, in: *Krisis | Journal for Contemporary Philosophy* 41/1, S. 65-93; https://doi.org/10.21827/krisis.40.2.37158.

Henrich, P. (2024), »Umfrage zur zukünftigen Erhöhung des Mindestlohns nach Parteipräferenz 2024«, Statista; https://de.statista.com/

statistik/daten/studie/1396560/umfrage/bewertung-der-erhoehung-des-mindestlohns/.
Hirsch, J. (1995), *Der nationale Wettbewerbsstaat: Staat, Demokratie und Politik im globalen Kapitalismus*, Berlin/Amsterdam: Edition ID-Archiv.
Hochuli, A., Hoare, G. und Cunliffe, P. (2021), *The End of the End of History*, Washington/Winchester: Zero Books.
Hopkin, J. (2020), *Anti-system Politics: The Crisis of Market Liberalism in Rich Democracies*, Oxford: Oxford University Press.
Howe, C. (2023), »Explainer: The Numbers behind China's Renewable Energy Boom«, Reuters; https://www.reuters.com/sustainability/climate-energy/numbers-behind-chinas-renewable-energy-boom-2023-11-15/.
Huff, W. G. (1995), »What Is the Singapore Model of Economic Development?«, in: *Cambridge Journal of Economics* 19/6, S. 735-759.
Infratest Dimap (2024), »ARD-Deutschlandtrend September 2024«; https://www.infratest-dimap.de/umfragen-analysen/bundesweit/ard-deutschlandtrend/2024/september/.
Intergovernmental Panel on Climate Change (IPCC) (2022), »Mitigation of Climate Change: Summary for Policymakers«; https://www.ipcc.ch/report/ar6/wg3/chapter/summary-for-policymakers/.
International Energy Agency (IEA) (2024), »Massive Global Growth of Renewables to 2030 Is Set to Match Entire Power Capacity of Major Economies Today, Moving World Closer to Tripling Goal«; https://www.iea.org/news/massive-global-growth-of-renewables-to-2030-is-set-to-match-entire-power-capacity-of-major-economies-today-moving-world-closer-to-tripling-goal.
Jackson, T. (2019), »The Post-growth Challenge: Secular Stagnation, Inequality and the Limits to Growth«, in: *Ecological Economics* 156, S. 236-246; https://doi.org/10.1016/j.ecolecon.2018.10.010.
Jäger, A. (2023), *Hyperpolitik: Extreme Politisierung ohne politische Folgen*, Berlin: Suhrkamp.
Jervis, R., Gavin, F. J., Rovner, J., Labrosse, D. N. und Fujii, G. (Hrsg.) (2018), *Chaos in the Liberal Order: The Trump Presidency and International Politics in the Twenty-first Century*, New York: Columbia University Press.
Jessop, B. (2007), *State Power: A Strategic-relational Approach*, Cambridge: Polity.
John, A. und McDonald, B. (2020), »How Elite Sport Helps to Foster and Maintain a Neoliberal Culture: The ›Branding‹ of Melbourne,

Australia«, in: *Urban Studies* 57/6, S. 1184-1200; https://doi.org/10.1177/0042098019830853.
Jones, L. und Hameiri, S. (2021), »COVID-19 and the Failure of the Neoliberal Regulatory State«, in: *Review of International Political Economy* 29/4, S. 1027-1052; https://doi.org/10.1080/09692290.2021.1892798.
Jung, S.C. (2024), »Economic Slowdowns and International Conflict«, in: *Journal of Peace Research* 61/2, S. 180-196; https://doi.org/10.1177/00223433221116656.
Kaplan, M.A. (1952), »An Introduction to the Strategy of Statecraft«, in: *World Politics* 4/4, S. 548-576; https://doi.org/10.2307/2008966.
Kaplan, S.B. (2021), *Globalizing Patient Capital: The Political Economy of Chinese Finance in the Americas*, Cambridge: Cambridge University Press.
Kennedy, P. (1988 [1987]), *The Rise and Fall of Great Powers. Economic change and military conflict from 1500-2000*, London: Unwin Hyman; deutsch als *Aufstieg und Fall der großen Mächte. Ökonomischer Wandel und militärischer Konflikt von 1500 bis 2000*, Frankfurt am Main: S. Fischer 1987.
Kentikelenis, A.E. und Seabrooke, L. (2017), »The Politics of World Polity: Script-writing in International Organizations«, in: *American Sociological Review* 82/5, S. 1065-1092; https://doi.org/10.1177/0003122417728241.
Kim, K. (2022), »Locating New ›State Capitalism‹ in Advanced Economies: An International Comparison of Government Ownership in Economic Entities«, in: *Contemporary Politics* 28/3, S. 285-305; https://doi.org/10.1080/13569775.2021.2022335.
Kleimann, D., Poitiers, N., Sapir, A., Véron, N., Veugelers, R. und Zettelmeyer, J. (2023), *How Europe Should Answer the US Inflation Reduction Act*, Bruegel; https://www.bruegel.org/sites/default/files/2023-02/PB%2004%202023_0_1.pdf.
Koddenbrock, K. und Mertens, D. (2022), »Geoeconomics and National Production Regimes: On German Exportism and the Integration of Economic and Security Policy«, in: M. Babić, A.D. Dixon und I.T. Liu (Hrsg.), *The Political Economy of Geoeconomics: Europe in a Changing World*, London: Palgrave Macmillan, S. 137-159; https://doi.org/10.1007/978-3-031-01968-5_6.
Koenig, N. (2019), »The ›Geopolitical‹ European Commission and its Pitfalls«, Hertie School Policy Brief; https://www.hertie-school.

org/fileadmin/user_upload/Policy_Brief_Nicole_geopolitical_commission.pdf.

Kohlmann, T. (2018), »Berlin will ›Lex Kuka‹ beschließen«, Deutsche Welle; https://www.dw.com/de/h%C3%B6here-h%C3%BCrden-f%C3%BCr-sensible-firmen%C3%BCbernahmen-in-deutschland/a-46778279.

König, M. (2012), »Mehrheit der Deutschen will Vermögenssteuer zurück«, in: *Süddeutsche Zeitung*; https://www.sueddeutsche.de/politik/umfrage-mehrheit-der-deutschen-will-vermoegenssteuer-zurueck-1.1344400.

Kopnick, J. und Caporal, J. (2020), »Home for the Holidays: Is Continuous Manufacturing the Key to Reshoring Drug Production?«, Center for Strategic and International Studies; https://www.csis.org/analysis/home-holidays-continuous-manufacturing-key-reshoring-drug-production.

Kovacevic, G. (2023), »Big Financing for Modern Railway Brings Serbia Closer to EU«, European Investment Bank; https://www.eib.org/en/stories/belgrade-nis-big-eu-rail-financing.

Krippner, G.R. (2012), *Capitalizing on Crisis: The Political Origins of the Rise of Finance*, Cambridge/Mass.: Harvard University Press.

Latour, B. (2019 [1991]), *Wir sind nie modern gewesen: Versuch einer symmetrischen Anthropologie*, Berlin: Suhrkamp.

Laybourn, L. und Dyke, J. (2024,), »A ›Doom Loop‹ of Climate Change and Geopolitical Instability Is Beginning«, in: *The Conversation*; https://theconversation.com/a-doom-loop-of-climate-change-and-geopolitical-instability-is-beginning-244705.

Leibfried, S., Huber, E., Lange, M., Levy, J.D., Nullmeier, F. und Stephens, J.D. (Hrsg.) (2015), *The Oxford Handbook of Transformations of the State*, Oxford: Oxford University Press.

Leonhardt, D. und Philbrick, I.P. (2022), »›Economic War‹«, in: *The New York Times*; https://www.nytimes.com/2022/03/11/briefing/economic-war-sanctions-russia.html.

Linsi, L. (2020), »The Discourse of Competitiveness and the Dis-embedding of the National Economy«, in: *Review of International Political Economy* 27/4, S. 855-879; https://doi.org/10.1080/09692290.2019.1687557.

Liu, I.T. und Dixon, A.D. (2022), »What Does the State Do in China's State-led Infrastructure Financialisation?«, in: *Journal of Economic Geography* 22/5, S. 963-988; https://doi.org/10.1093/jeg/lbac009.

Luttwak, E. (1990), »From Geopolitics to Geo-Economics: Logic of Conflict, Grammar of Commerce«, in: *The National Interest* 20, S. 17-23.
Luttwak, E. (1994), »Why Fascism is the Wave of the Future«, in: *London Review of Books* 16/7; https://www.lrb.co.uk/the-paper/v16/n07/edward-luttwak/why-fascism-is-the-wave-of-the-future.
Malkin, A. und He, T. (2024), »The Geoeconomics of Global Semiconductor Value Chains: Extraterritoriality and the US-China Technology Rivalry«, in: *Review of International Political Economy* 31/2, S. 674-699; https://doi.org/10.1080/09692290.2023.2245404
Malm, A. (2016), *Fossil Capital: The Rise of Steam-power and the Roots of Global Warming*, London: Verso.
Mann, M. (2008), »Infrastructural Power Revisited«, in: *Studies in Comparative International Development* 43/3-4, S. 355-365; https://doi.org/10.1007/s12116-008-9027-7.
Mann, M. (2012), *The Sources of Social Power*, Bd. 3, Cambridge: Cambridge University Press.
Manow, P. (2018), *Die Politische Ökonomie des Populismus*, Berlin: Suhrkamp.
Marx, K. (1985 [1852]), *Der achtzehnte Brumaire des Louis Bonaparte*, Berlin: Dietz.
Masala, C. (2022), *Weltunordnung: Die globalen Krisen und die Illusionen des Westens*, dritte, aktualisierte Auflage, München: C.H. Beck.
Matthes, J. (2022), »China-Abhängigkeiten der deutschen Wirtschaft: Mit Volldampf in die falsche Richtung«, *IW Kurzbericht* 68, Institut der Deutschen Wirtschaft; https://www.iwkoeln.de/studien/juergen-matthes-china-abhaengigkeiten-der-deutschen-wirtschaft-mit-volldampf-in-die-falsche-richtung.html.
Mau, S., Lux, T. und Westheuser, L. (2023), *Triggerpunkte: Konsens und Konflikt in der Gegenwartsgesellschaft*, Berlin: Suhrkamp.
McCarthy, M.A. (2019), »The Politics of Democratizing Finance: A Radical View«, in: *Politics und Society* 47/4, S. 611-633; https://doi.org/10.1177/0032329219878990.
Mead, W.R. (2014), »The Return of Geopolitics: The Revenge of the Revisionist Powers«, in: *Foreign Affairs* 93/3, S. 69-79.
Meadowcroft, J. (2011), »Engaging with the Politics of Sustainability Transitions«, in: *Environmental Innovation and Societal Transitions* 1/1, S. 70-75; https://doi.org/10.1016/j.eist.2011.02.003.
Meunier, S. und Nicolaidis, K. (2019), »The Geopoliticization of Euro-

pean Trade and Investment Policy«, in: *JCMS: Journal of Common Market Studies* 57/S 1, S. 103-113; https://doi.org/10.1111/jcms.12932.
van Miert, K. (1998), »What Does a Level Playing Field Mean in the Global Economy?«, European Commission; https://ec.europa.eu/competition/speeches/text/sp1998_031_en.html.
Miller, C. (2023), *Chip War: The Fight for the World's most Critical Technology*, New York: Scribner; deutsch als: *Der Chip-Krieg: Wie die USA und China um die technologische Vorherrschaft auf der Welt kämpfen*, Hamburg: Rowohlt 2023.
Mol, A. (Hrsg.) (2002), *The Environmental State under Pressure*, Stamford: Jai Press.
Moll, B., Schularick, M. und Zachmann, G. (2023), »Not Even a Recession: The Great German Gas Debate in Retrospect«, in: *ECONtribute Policy Brief* 48; https://www.econtribute.de/RePEc/ajk/ajkpbs/ECONtribute_PB_048_2023_EN.pdf.
Mudde, C. (2004), »The Populist Zeitgeist«, in: *Government and Opposition* 39/4, S. 541-563; https://doi.org/10.1111/j.1477-7053.2004.00135.x.
Mulder, N. (2022), *The Economic Weapon: The Rise of Sanctions as a Tool of Modern War*, New Haven: Yale University Press.
Münkler, H. (2024), »Auch für Deutsche ist die Erde nicht flach«, in: *Frankfurter Allgemeine Zeitung*; https://www.faz.net/pro/weltwirtschaft/weltwissen/deutschlands-verhaeltnis-zu-geopolitik-und-geooekonomie-19952708.html.
Myrdal, G. (1967), *Beyond the Welfare State*, Bantam Books.
Nahm, J. (2021), *Collaborative Advantage: Forging Green Industries in the New Global Economy*, New York: Oxford University Press; https://doi.org/10.1093/oso/9780197555361.001.0001.
Narayan, M. und Verma, N. (2023), »Fuels from Russian Oil Gets Backdoor Entry into Europe via India«, Reuters; https://www.reuters.com/business/energy/fuels-russian-oil-gets-backdoor-entry-into-europe-via-india-2023-04-05/.
Nölke, A. (2022), »Geoeconomic Infrastructures: Building Chinese-Russian Alternatives to SWIFT«, in: B. Braun und K. Koddenbrock (Hrsg.), *Capital Claims: The Political Economy of Global Finance*, London: Routledge, S. 147-166.
Nölke, A., May, C. und Claar, S. (Hrsg.) (2014), *Die grossen Schwellenländer: Ursachen und Folgen ihres Aufstiegs in der Weltwirtschaft*, Wiesbaden: Springer VS.

Nölke, A., ten Brink, T., Claar, S. und May, C. (2015), »Domestic Structures, Foreign Economic Policies and Global Economic Order: Implications from the Rise of Large Emerging Economies«, in: *European Journal of International Relations* 21/3, S. 538-567; https://doi.org/10.1177/1354066114553682.

Nuttall, P. (2021), »Why Angela Merkel Failed to Become a ›Climate Chancellor‹«, in: *New Statesman*; https://www.newstatesman.com/spotlight/sustainability/climate/2021/09/why-angela-merkel-failed-to-become-a-climate-chancellor.

von Ondarza, V. (2024), »Fast eine Milliarde Euro für den Staatseinstieg«, in: *Tagesschau*; https://www.tagesschau.de/investigativ/ndr/lng-terminal-brunsbuettel-kosten-100.html.

O'Rourke, K. H. (2000), »Tariffs and Growth in the Late 19th Century«, in: *The Economic Journal* 110/463, S. 456-483; https://doi.org/10.1111/1468-0297.00533.

Ougaard, M. (2018), »The Transnational State and the Infrastructure Push«, in: *New Political Economy* 23/1, S. 128-144; https://doi.org/10.1080/13563467.2017.1349085.

Peng Er, L. (2021), »Singapore-China Relations in Geopolitics, Economics, Domestic Politics and Public Opinion: An Awkward ›Special Relationship‹?«, in: *Journal of Contemporary East Asia Studies* 1-15; https://doi.org/10.1080/24761028.2021.1951480.

Petry, J. (2021), »From National Marketplaces to Global Providers of Financial Infrastructures: Exchanges, Infrastructures and Structural Power in Global Finance«, in: *New Political Economy* 26/4, S. 574-597; https://doi.org/10.1080/13563467.2020.1782368.

Petry, J. (2023), »Beyond Ports, Roads and Railways: Chinese Economic Statecraft, the Belt and Road Initiative and the Politics of Financial Infrastructures«, in: *European Journal of International Relations* 29/2, S. 319-351; https://doi.org/10.1177/13540661221126615.

Polanyi, K. (2001 [1944]), *The Great Rransformation: The Political and Economic Origins of Our Time*, Boston: Beacon Press; deutsch als *The Great Transformation. Politische und ökonomische Ursprünge von Gesellschaften und Wirtschaftssystemen*, Frankfurt am Main: Suhrkamp 1978.

Porter, M. E. (1990), »The Competitive Advantage of Nations«, in: *Harvard Business Review*, März-April, S. 73-91.

Poulantzas, N. (2002), *Staatstheorie: Politischer Überbau, Ideologie, autoritärer Etatismus*, Hamburg: VSA.

Powell, R. (1991), »Absolute and Relative Gains in International Relations Theory«, in: *American Political Science Review* 85/4, S. 1303-1320; https://doi.org/10.2307/1963947.

Prager, C. (2012), *Ratingagenturen: Funktionsweisen eines neuen politischen Herrschaftsinstruments*, Wien: Mandelbaum.

Qiu, H., Shin, H. S. und Ying Zhang, L. S. (2023), »Mapping the Realignment of Global Value Chains«, Bank for International Settlements; https://www.bis.org/publ/bisbull78.pdf.

Ralev, R. (2017), »Russia's RZD to Start Overhaul of Part of Belgrade-Budapest Railway in July«, See News; https://seenews.com/news/russias-rzd-to-start-overhaul-of-part-of-belgrade-budapest-railway-in-july-1110396.

Regilme, S. S. F. (2019), »The Decline of American Power and Donald Trump: Reflections on Human Rights, Neoliberalism, and the World Order«, in: *Geoforum* 102, S. 157-166; https://doi.org/10.1016/j.geoforum.2019.04.010.

Roberts, A., Choer Moraes, H. und Ferguson, V. (2019), »Toward a Geoeconomic Order«, in: *Journal of International Economic Law* 22/4, S. 655-676; https://doi.org/10.1093/jiel/jgz036.

Robinson, W. I. (2004), *A Theory of Global Capitalism: Production, Class, and State in a Transnational World*, Baltimore: Johns Hopkins University Press.

Rodrigues Vieira, V. G. (2023), »The Limits of Weaponised Interdependence after the Russian War Against Ukraine«, in: *Contemporary Security Policy* 44/4, S. 642-660; https://doi.org/10.1080/13523260.2023.2256065.

Rosen, J. A. R. (1985), »The Explosion in International Mergers and Acquisitions«, in: *ABA Journal* 71/5, S. 70-72.

Rotunno, L., Roy, S., Sakakibara, A. und Vezina, P.-L. (2023), »Trade Policy and Jobs in Vietnam: The Unintended Consequences of Trump's Trade War«, QPE Working Paper 2023-56; https://doi.org/10.31235/osf.io/9rdne.

Ruggie, J. G. (1982), »International Regimes, Transactions, and Change: Embedded Liberalism in the Postwar Economic Order«, in: *International Organization* 36/2, S. 379-415.

Saitō, K. (2024), *Systemsturz: der Sieg der Natur über den Kapitalismus*, München: dtv.

Samset, B. H., Zhou, C., Fuglestvedt, J. S., Lund, M. T., Marotzke, J. und Zelinka, M. D. (2023), »Steady Global Surface Warming from 1973 to

2022 but Increased Warming Rate after 1990«, in: *Communications Earth und Environment* 4/1; https://doi.org/10.1038/s43247-023-01061-4.
Schaupp, S. (2024), *Stoffwechselpolitik: Arbeit, Natur und die Zukunft des Planeten*, Berlin: Suhrkamp.
Scheinert, C. (2023), »EU's Response to the US Inflation Reduction Act (IRA)«, Briefing, European Parliament; https://www.europarl.europa.eu/RegData/etudes/IDAN/2023/740087/IPOL_IDA(2023)740087_EN.pdf.
Schindler, S. und Di Carlo, J. (Hrsg.) (2022), *The Rise of the Infrastructure State. How US-China Rivalry Shapes Politics and Place Worldwide*, Bristol: Bristol University Press.
Schindler, S., DiCarlo, J. und Paudel, D. (2021), »The New Cold War and the Rise of the 21st Century Infrastructure State«, in: *Transactions of the Institute of British Geographers*; https://doi.org/10.1111/tran.12480.
Schmelzer, M. (2016), *The Hegemony of Growth: The OECD and the Making of the Economic Growth Paradigm*, Cambridge: Cambridge University Press; https://doi.org/10.1017/CBO9781316452035.
Schmelzer, M., Vetter, A. und Vansintjan, A. (2022), *The Future Is Degrowth: A Guide to a World Beyond Capitalism*, London: Verso.
Schmucker, C. und Kober, K. (2022), »Offene strategische Autonomie«, DGAP Policy Brief, Deutsche Gesellschaft für Auswärtige Politik; https://dgap.org/sites/default/files/article_pdfs/dgap_policy_brief_nr._8_dez._2021_8_seiten_o.pdf.
Scholte, J. A. (2007), »Defining Globalisation«, in: *The World Economy* 31/1, S. 1471-1502; https://doi.org/10.1111/j.1467-9701.2007.01019.x.
Scholz, O. (2022), »Rede von Bundeskanzler Scholz anlässlich des Jahrestreffens des World Economic Forum am 26. Mai 2022 in Davos«; https://www.bundesregierung.de/breg-de/aktuelles/rede-von-bundeskanzler-scholz-anlaesslich-des-jahrestreffens-des-world-economic-forum-am-26-mai-2022-in-davos-2044026.
Schröder, G. (1999), »Regierungserklärung von Bundeskanzler Gerhard Schröder«, in: *Bulletin der Bundesregierung* 38; https://www.bundesregierung.de/resource/blob/992814/759762/7c8e36d6523a13095396324225a019e7/38-99-schroeder-2-data.pdf?download=1.
Schwartz, H. M. (2018), *States versus Markets: Understanding the Global Economy*, Basingstoke: Red Globe Press.
Seydl, J. (2024), »Is the World Economy Deglobalizing?«, JP Morgan

Chase; https://www.jpmorgan.com/insights/outlook/economic-outlook/is-the-world-economy-deglobalizing#section-header#4.
Slobodian, Q. (2018), *Globalists. The End of Empire and the Birth of Neoliberalism*, Cambridge/Mass.: Harvard University Press; deutsch als: *Globalisten: Das Ende der Imperien und die Geburt des Neoliberalismus*, Berlin: Suhrkamp 2019.
Sommerer, T. und Lim, S. (2016), »The Environmental State as a Model for the World? An Analysis of Policy Repertoires in 37 Countries«, in: *Environmental Politics* 2/1, S. 92-115; https://doi.org/10.1080/09644016.2015.1081719.
Starrs, S.K. und Germann, J. (2021), »Responding to the China Challenge in Techno-nationalism: Divergence between Germany and the United States«, in: *Development and Change* 52/5, S. 1122-1146; https://doi.org/10.1111/dech.12683.
Steiner, N.D. und Harms, P. (2021), »Trade Shocks and the Nationalist Backlash in Political Attitudes: Panel Data Evidence from Great Britain«, in: *Journal of European Public Policy* 30/2, S. 271-290; https://doi.org/10.1080/13501763.2021.2002925.
Stephen, M.D. und Skidmore, D. (2019), »The AIIB in the Liberal International Order«, in: *The Chinese Journal of International Politics* 12/1, S. 61-91; https://doi.org/10.1093/cjip/poy021.
Stewart, F. (2009), »Relaxing the Shackles: The Invisible Pendulum«, in: *Journal of International Development* 21/6, S. 765-771; https://doi.org/10.1002/jid.1613.
Stewart, F. (2010), »Power and Progress: The Swing of the Pendulum«, in: *Journal of Human Development and Capabilities* 11/3, S. 371-395; https://doi.org/10.1080/19452829.2010.495501.
Strack, C. (2021), »Kanzlerin Merkel, Klimaschutz und Katastrophen«, Deutsche Welle; https://www.dw.com/de/kanzlerin-merkel-klimaschutz-und-katastrophen/a-58578239.
Streeck, W. (2016), »The Post-capitalist Interregnum: The Old System Is Dying, but a New Social Order Cannot Yet Be Born«, in: *Juncture* 23/2, S. 68-77; https://doi.org/10.1111/newe.906.
Streeck, W. (2021 [2013]), *Gekaufte Zeit: Die vertagte Krise des demokratischen Kapitalismus*, vierte, erweiterte Auflage, Berlin: Suhrkamp.
Streeck, W. und Mertens, D. (2010), »Politik im Defizit. Austerität als fiskalpolitisches Regime«, in: *dms – der moderne staat – Zeitschrift für Public Policy, Recht und Management* 3/1, S. 7-29; https://doi.org/10.3224/dms.v3i1.01.

Stuenkel, O. (2015), *The BRICS and the Future of Global Order*, Idaho Falls: Lexington Books.

Sullivan, J. (2025), »Deputy National Security Advisor for International Economics' Remarks on U.S. Principles of Economic Statecraft«; https://bidenwhitehouse.archives.gov/briefing-room/speeches-remarks/2025/01/16/deputy-national-security-advisor-for-international-economics-remarks-on-u-s-principles-of-economic-statecraft/#_ftn4.

Sun, Y., Zhu, S., Wang, D., Duan, J., Lu, H., Yin, H., Tan, C., Zhang, L., Zhao, M., Cai, W., Wang, Y., Hu, Y., Tao, S. und Guan, D. (2024), »Global Supply Chains Amplify Economic Costs of Future Extreme Heat Risk«, in: *Nature* 627/8005, S. 797-804; https://doi.org/10.1038/s41586-024-07147-z.

Szabó, L. und Jelinek, C. (2023), »State, Capitalism and Infrastructure-Led Development: A Multi-Scalar Analysis of the Belgrade-Budapest Railway Construction«, in: *Environment and Planning A: Economy and Space* 55/5, S. 1281-1304; https://doi.org/10.1177/0308518X231156171.

Tett, G. (2022), »The Flood of Green Finance Must Be Diverted from the West«, in: *Financial Times*; https://www.ft.com/content/95c28b9e-7844-4ab7-8401-42d1cca133a8.

Ther, P. (2014), *Die neue Ordnung auf dem alten Kontinent: Eine Geschichte des neoliberalen Europa*, Berlin: Suhrkamp.

Ther, P. (2019), *Das andere Ende der Geschichte: Über die Grosse Transformation*, Berlin: Suhrkamp.

Tooze, J. A. (2018), *Crashed: How a Decade of Financial Crises Changed the World*, New York: Viking; deutsch als: *Crashed: Wie zehn Jahre Finanzkrise die Welt verändert haben*, München: Siedler 2018.

Törnberg, P. und Chueri, J. (2025), »When Do Parties Lie? Misinformation and Radical-Right Populism Across 26 Countries«, in: *The International Journal of Press/Politics*; https://doi.org/10.1177/19401612241311886.

Trubowitz, P. und Burgoon, B. (2020), »The Retreat of the West«, in *Perspectives on Politics*; https://doi.org/10.1017/S1537592720001218.

Trump, D.J. (2018), »Remarks by President Trump to the 73rd Session of the United Nations General Assembly, New York, NY«; https://trumpwhitehouse.archives.gov/briefings-statements/remarks-president-trump-73rd-session-united-nations-general-assembly-new-york-ny/.

United Nations Conference on Trade and Development (UNCTAD) (2000), *Bilateral Investment Treaties 1959-1999*; https://unctad.org/system/files/official-document/poiteiiad2.en.pdf.

United Nations Conference on Trade and Development (UNCTAD) (2023), »The Evolution of FDI Screening Mechanisms: Key Trends and Features«, Investment Policy Monitor; https://unctad.org/system/files/official-document/diaepcbinf2023d2_en.pdf.

United Nations Development Programme (UNDP) (2024), *People's Climate Vote 2024*; https://peoplesclimate.vote/document/Peoples_Climate_Vote_Report_2024.pdf.

Vestager, M. (2017), »The New Age of Corporate Monopolies«, TED-Talk; https://www.ted.com/talks/margrethe_vestager_the_new_age_of_corporate_monopolies/.

Wagschal, U. (2006), »Handlungsoptionen des Nationalstaats im internationalen Steuerwettbewerb«, in: *Zeitschrift für Staats- und Europawissenschaften* 4/1; https://doi.org/10.1515/ZSE.2006.007.

Walt, S.M. (2022), »The Ukraine War Doesn't Change Everything«, in: *Foreign Policy*; https://foreignpolicy.com/2022/04/13/ukraine-war-realism-great-powers-unipolarity/#.

Weber, I.M., Lara Jauregui, J., Teixeira, L. und Nassif Pires, L. (2024), »Inflation in Times of Overlapping Emergencies: Systemically Significant Prices from an Input-output Perspective«, in: *Industrial and Corporate Change* 33/2, S. 297-341; https://doi.org/10.1093/icc/dtad080.

Wissel, J. und Wolff, S. (2016), »›Staatsprojekt Europa‹ in der Krise?«, in: H.-J. Bieling und M. Große Hüttmann (Hrsg.), *Europäische Staatlichkeit*, Wiesbaden: Springer Fachmedien, S. 223-240; https://doi.org/10.1007/978-3-658-03790-1_11.

Wolf, M. (2023), *The Crisis of Democratic Capitalism*, New York: Penguin Books.

Wong, K. und Jennings, R. (2023), »World's Biggest Trade Deal RCEP Is a Year Old – Here's Why It Still Has Room to Grow«, in: *South China Morning Post*; https://www.scmp.com/economy/china-economy/article/3206311/worlds-biggest-trade-deal-rcep-year-old-heres-why-it-still-has-room-grow.

Worth, O. (2013), »Polanyi's *Magnum Opus*? Assessing the Application of the Counter-Movement in International Political Economy«, in: *The International History Review* 35/4, S. 905-920; https://doi.org/10.1080/07075332.2013.817464.

World Trade Organization (2008), *World Trade Report 2008*; https://www.wto.org/english/res_e/booksp_e/anrep_e/wtr08-2d_e.pdf.
Wu, J., Wood, J., Oh, K. und Jang, H. (2021), »Evaluating the Cumulative Impact of the US-China Trade War along Global Value Chains«, in: *The World Economy*; https://doi.org/10.1111/twec.13125.
Wullweber, J. (2021), *Zentralbankkapitalismus: Transformationen des globalen Finanzsystems in Krisenzeiten*, Berlin: Suhrkamp.
Zeit Online (2024), »Mehrheit der Menschen in Deutschland befürwortet eine Vermögensteuer«; https://www.zeit.de/politik/deutschland/2024-07/forsa-umfrage-mehrheit-fuer-vermoegenssteuer-deutschland.
Zydra, M. (2022), »›Finanzielle Atombombe‹«, in: *Süddeutsche Zeitung*; https://www.sueddeutsche.de/wirtschaft/zahlungssystem-swift-russland-usa-1.5507631.
Zysman, J. (1983), *Governments, Markets, and Growth: Financial Systems and the Politics of Industrial Change*, Ithaca: Cornell University Press.